卓球メンタル強化メソッド

実業之日本社

PERFECT LESSON BOOK

はじめに

「メンタルが強くなりたい」
「もっと何事にも動じない選手になりたい」
これは私が現役時代、つねに考え、悩んでいたことです。

小さい頃「メンタルが弱い」と言われていた私は、その言葉がトラウマのように脳裏に焼きついていたのです。

日本一を目指し全力を尽くしてきましたが、私の同世代には非常に才能あふれる強い選手が多く、なかなか日本一になることはできませんでした。いつも上位に名を連ねるけど、どこにでもいるような選手のひとりだったのです。いくらがんばっても秀でた才能、そして技術的なセンスがなかった私は、日本一になるのはやっぱり無理なのかな、センスがないとトップになれないのかなと考えたこともたくさんありました。そんな思いで幼少期を過ごしてきた私が、今振り返ってみると全日本選手権で5度優勝し、世界選手権でも団体でメダルを獲得し、オリンピックという誰もが憧れる舞台でメダルを獲得することができたのです。同世代の中でこの私が最後に残り、こんなに長く卓球を続けていたなんて……、今考えてもとても不思議な気分です。

心が弱い選手だったなと感じていた自分自身の気持ちとは裏腹に、さまざまな場所で「平野さんのようなメンタルの強さを身につけるにはどのようなことを意識すればいいのでしょうか？」とたくさん質問を受けるようになりました。

はたして私のメンタルは強かったのだろうか？　そんな疑問を持ちながら日々過ごしている中、今回このような「卓球選手のメンタル」がテーマの本のお話をいただき、自分の選手生活で考えていたことや心の持ち方、実際にメンタルとどのように向き合っていたのかを振り返り、言葉にしてみようと出版を決意しました。

メンタルというかたちのないものを言葉にすることはとてもむずかしく、私にとってはとてもハードルが高くて、みなさんのご期待に添えるものになったのかどうか、正直不安もあります。

ただ、現役時代の私と同じように、卓球が強くなりたいという思いを強く持ち、メンタルの問題と向き合っているみなさんの少しでもお役に立てればという思いで、自分のメンタルと長い時間をかけて向き合い、この一冊が完成しました。

自分が苦しみながら必死に積み重ねてきた現役生活の中に、みなさんが求めている答えやヒントになるものがあればうれしいです。

平野早矢香

究極のピンチでも崩れないメンタル 165

Mental strengthening method
Table Tennis

Chapter 1

卓球におけるメンタルの重要性

対人競技である卓球は、メンタルの要素が大きく関わってくる競技です。私が卓球をやり始めた当初は、肝心なところで勝ち切ることができず「メンタルが強くなりたい」といつも思っていました。なぜ強くなりたいと思ったのか。現役時代を振り返りながら、メンタルの重要性についてお伝えします。

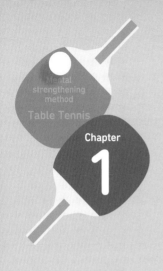

Chapter1 01

そもそもメンタルって、なに？

メンタルが強くなりたい。

卓球に限らず、競技をしている人なら誰もが思うことでしょう。

でも、メンタルって、そもそも何なのでしょう？　日本語では「精神的」「心理的」と訳されますが、この漠然とした疑問に答えられる人は、なかなかいないのではないでしょうか。

メンタル強化について考える時、私はこの部分がとても重要だと思っています。そこで本書でメンタルを強くする方法についてお話しする前に、まずメンタルとは何なのか、メンタルが「強い」「弱い」とは、いったいどういうことなのかを少し考えてみたいと思います。

私は、日本代表として活動する中で、卓球ナショナルチームのメンタルトレーナーの方とお話しさせていただくことはありましたが、日常的に専門的なメンタルトレーニングを受けていたわけではありません。ただし、どうすればメンタルが強くなるのか、その方法を見つけるための勉強は労を惜しまず積み重ねました。

たとえば、メンタルに関する良い本があると聞けばすぐに買って読み、勝負に強い人がいると聞けば、卓球やスポーツ以外の分野でも訪ねて行って教えを請いました。そうやって、**自分に合うメンタル強化法を見出していったのです。**

そのおかげでメンタルが強いと言われるようになった私のもとには、「どうすればメンタルを強くできますか？」という相談がたくさん寄せられます。その中から、よくある悩みをご紹介したいと思います。

- 勝負どころや競った場面で緊張しすぎて、自分の力を出し切れない
- ミスが怖くて攻めのプレーができない
- 点差をつけられるとあきらめてしまう
- 戦術を選択するとき、迷ってしまう
- ゲームを取られた後など、気持ちをうまく切り替えられず、次のゲームまで引きずって

しまう

・試合に負けてばかりで自信が持てない

いかがでしょう？　みなさんも同じような悩みを抱えたことはありませんか？　これらは私も含め、多くの選手が経験することです。

では、なぜそうなってしまうのか？　そこにはどんな理由や問題があるのか？　選手やコーチはそれらを具体化する必要があります。

メンタルは鍛えられる

では、逆に「メンタルが強い」とは、どういう状態のことを言うのでしょう。

「ここぞという場面で強気の攻めができる」とか「逆境でもあきらめずプレーできる」など、そういう選手のことをよくメンタルが強いと言いますが、選手やコーチの中には、単に**「気持ちが強い」とひと言で片づけてしまう人が多い**ように思います。でも実際は、**気持ちの問題だけではない**というのが、競技生活で得た私の実感です。

メンタルは技術と違って目に見えないので、鍛えても何がどれくらい強くなったのか、なかなかわかりにくいものです。だからと言って、ただやみくもに練習をしているだけではメンタルは強くなりません。**技術と同じでメンタルもトレーニングによって強くなる**と思うのです。

その際、問題点の整理は選手本人だけではむずかしいもの。どんな人でも自分を客観視することは、なかなかできないので、そこはやはり選手の身近にいるコーチやトレーナー、あるいは家族が、選手の性格や物の見方を踏まえたうえで、選手の話に耳を傾けてあげるといいでしょう。

その選手の状態をつぶさに把握し、**それぞれが抱えている悩みや本人も気づいていない問題点を目に見えるかたちで示してあげることが、メンタル強化の第一歩**になってきます。

Mental strengthening method
Table Tennis

Chapter1
02

卓球競技の本質とメンタル

卓球は**「心・技・体・智」（「智」は戦術を指す）がそろって強くなる**と言われています。メンタルの強さ、技術や体力があるかどうか、戦術のうまさなどすべてを兼ね備えた選手が安定して実力を発揮するのです。

ご存知の方も多いかと思いますが、元世界チャンピオンで第3代国際卓球連盟会長も務められた〝卓球界のレジェンド〟故・荻村《おぎむら》伊《い》智《ち》朗《ろう》さんの遺された言葉に、**「卓球は100メートル走をしながらチェスをするようなスポーツ」**という名言があります。卓球は頭をフル回転させながら相手の戦術を読み、感覚を研ぎ澄ませて、わずか3メートルほどの至近距離で直径40ミリの小さなボールを打ち合う競技です。そしてポイントが決まるのは、わずか数秒。その間に冷静な状況判断が求められます。

また球技の中では**かなりの至近距離で相手と向き合うため、相手の表情やしぐさ**

を見ることができ、ちょっとした心の変化も読みとりやすいと言えます。このようなことから、卓球競技においてメンタルの要素は非常に重要だということがよくわかります。

やはりメンタルの強さが必要だ！　メンタルを強化しよう!!　とその前に、メンタルについて細かく分析し、どのように強化していくかを考えなければなりません。

ここでひとつ、技術の強化を思い浮かべていただきたいと思います。バックハンドを強化する際、攻撃力を上げるのかブロック力を上げるのか、それともコースを打ち分けられるようにするのか、ボールの回転量を増やすのか、スピードをつけるのか。はたまた3球目攻撃の決定打にするのか、ラリー中の安定感を高めるのかなど、目的と練習方法はいくつもあります。

メンタルを強くしたい場合も同様で、**目的やアプローチは決してひとつではありませんし、何をどのように変えていきたいかということを明確にしなければなりません。**

私はこのメンタルの考え方について、抱える課題によってはメンタル単体で捉えることもありますが、それだけでは決して解決できない問題もあると思っています。どういうことか例をあげてみましょう。

技術×メンタル

メンタルが強くなりたいと思っても、技術レベルが低ければ自信を持って試合を戦うことはできません。技術の成長があってこそ自信が生まれ、強い気持ちで戦えるという流れがあります。

たとえば、試合で自分の苦手なフォア側を相手が攻めてきた。技術的に不安がある。フォア側を狙われているとわかっても対応できない。どんどん焦り不安になる。このように、技術面から崩れ、メンタルが崩れるというパターンです。

体力×メンタル

試合では、高い集中力を持って気持ちをコントロールしなければならない。でも、自分は体力がなく、どうしても試合の後半にへばってしまう。体力がないのに集中力だけキープする、これはかなりむずかしいことです。

体力にゆとりがあるからこそ、良いメンタルの状態をキープすることができる。体力がなくて、良いメンタルの状態が保てないというパターンです。

戦術×メンタル

選手によって好きなスコア、嫌いなスコアがある場合もあります。7対3のリードした場面からなぜか逆転負けが多い。10対10になると、どうしてもビビって力が発揮できない、このスコアになると気が抜けて油断してしまう、などのケースがあります。

試合のある場面や展開になるとメンタルのバランスが崩れるというパターンです。

このように、メンタル単体で考えるのではなく、**他の要素と絡み合っているメンタルの問題をいろいろな角度から分析**していくのです。

ここにあげた3つのパターン以外にも、選手の性格や物事の考え方と密接につながっているのがメンタルなのだと私は考えます。

したがってメンタル強化を考えた場合、単に気持ちの問題だ！　とひと言で済ませるのではなく、**メンタルの弱さが出てしまうのはどんな場面なのか、その時のゲームの流れはどうなのか、自分の技術レベルはどれくらいか、相手はどんな様子でどんな戦術を使ってきたのかなどを具体化して分析**し、基本的な問題点を洗い出して、選手がそれを理解しなくてはならないということです。

Chapter1 03

己を知る

メンタルの強化を考えるうえでは、自分を知ることが非常に重要になります。先ほど卓球の本質とメンタルの項目では、メンタル単体だけでなく、メンタルと他の要素の関係について述べました。それについて掘り下げていく中で特に重要なのが、この「己を知る」ということです。

人は普段からまわりのことにはよく目を配り、いろいろと分析したり考えたりしますが、自分自身のこととなると意外によくわかっていないことが多いものです。自分と対話する時間は誰しも案外少ないのです。私も、引退してから自分のことを振り返り客観的に見ることで、現役中には気づかなかったことをたくさん発見しました。

メンタルの強化において、必ず行わなければいけないことが、**自己分析であり、自分**

を知るということです。メンタルというのは、自分の物事に対する視点や考え方、性格などが大きく関係していると私は考えます。卓球のプレースタイルにも、選手の性格が表れやすいと言われています。私自身も、プレースタイルをモデルチェンジした時は、自分の性格を変える、という意識を持っていました。

メンタルを改善する過程は、以下の順序で考えていきます。

(1) 自分の性格を分析する

自分は積極的なタイプか消極的なタイプか、思い切りのいいタイプか安定志向の強いタイプか。

(2) 問題点を把握する

どんな場面で緊張してしまうのか、メンタルの問題が出てくるのか、メンタルが崩れるとどんな状態になるのか。

（3）今の状態を知る

今現在の自分のメンタルの状態はどんな状態なのか、自分自身で把握できているか。「自分の現状に気づかない」ということも多いので、冷静に分析する。

（4）自分のメンタルをコントロールする

分析して浮かび上がったメンタルの問題点を解消するために、自分に合った方法を見つけ出して現状を改善し、自分のメンタルをコントロールしていく。

卓球は対人競技ですから、**相手に目を向け、相手を分析し、相手の変化を読みとることもとても重要**です。それはのちほど説明しますが、それ以上に大切なことは、自分を知り、理解する。そして現状を把握するということ。それができなければ、メンタルの強化はむずかしいと言えるでしょう。

対人競技である卓球では、相手を分析し、相手の変化を読みとる力が求められる

Mental strengthening method
Table Tennis
Chapter1
04

相手の変化を読みとる

卓球台の縦のサイズは長さ2メートル74センチと決まっています。つまり相手選手との距離は3メートル程度。**かなりの至近距離で向かい合っていることになり、お互いのちょっとした心の変化が伝わりやすい**と言えます。

この心の変化を、私は相手の表情や仕草から読みとるのが好きな選手でした。なかでも対戦相手の「目」は、ものすごくよく見ました。「目は口ほどにものを言う」とはよく言ったもので、たとえば目が泳いでいたら、「これは動揺しているな」とか「何をすればいいかわからなくなっているな」などと相手の心理を読みとることができるからです。そういった気配を感じとれれば、一気に攻撃をたたみかけたりします。

逆に目に力のある選手は、集中力はあるけど、視野が狭くなる可能性もあるかもしれないと分析します。私は相手の目を見てこの人はやりにくそうとか、この選手は相手の心の中に入れそうだからこちらが操れそうだなとか、そんなことをよく考えていました。

また、相手選手がベンチのほうを振り返る動作も、注意して観察していました。ミスをするとすぐにベンチにいるコーチを見る選手がいます。不安を抑えきれず無意識にコーチに助けを求めているのです。それを受けて、コーチが選手に何か指示を出すこともありますから、その場合はどんなアドバイスをしているのか聞きとるようにしたり、身振り手振りを読みとったりするようにしていました。

他方、これらは裏を返せば、自分も相手に心理状態を見抜かれるおそれがあるということです。だから、私は動揺を顔に出したり、動作に表したりしないよう気をつけていました。

極端な言い方にはなりますが、実際は不安を感じていたり、弱気になっていたとしても、相手に悟られなければＯＫとすることもあるのです。

こんなふうに**卓球におけるメンタルの駆け引きでは、ボールを打ち合っていない時間もとても大事**になってきます。

そのことがわかる興味深いデータがあります。

卓球の試合で選手が打ち合っている時間は、どれくらいあると思いますか？

数年前に発表された国際大会のデータによると、平均で試合全体のわずか19パーセントしかないそうです。仮に1ゲームに10分かかったとすると2分程度です。

つまり、**試合時間の約80パーセントはボールを打っていない時間**ということになり、意外と長いことに驚きます。

その間、選手はボールを拾いに行きながら、前のプレーの反省をしたり、次の一手を考えたり、相手選手を観察したりするわけですが、私もこのボールを打っていない時間を最大限に活用して戦術を選択し、試合を組み立てていました。

このように卓球のような対人競技では、**自分のこと以外に相手を見る目も重要**になってきます。私はこれを「2つの目」と呼び、選手時代、とても大切にしていました。

Mental strengthening method Table Tennis

Chapter1 05

私もメンタルが弱かった

現役時代、闘志をむき出しにして、鬼のような形相で戦うイメージから、「卓球の鬼」とか「鬼の平野」と呼ばれた私ですが、はじめからそうだったわけではありません。

それがいつの日からか「メンタルが強い」という評価をいただくようになりましたが、私自身は自分のことをメンタルが強いだなんて、一度も思ったことはないのです。

こう見えて、もともと緊張するタイプですし、対戦相手にビビることや試合会場の雰囲気に飲まれることもありました。試合の立ち上がりで手が震えて止まらなかったことだってあるんです。

だからこそ、いかに平常心を保つかは課題でしたし、弱い自分を精いっぱい強く見せようとして、鬼の形相にもなったのかもしれません。

その一方で、いったん試合が始まれば少しずつ緊張がほぐれ、ゲームに集中していけるという特性もありました。ですから私の場合、試合前のメンタルの調整に焦点を当て、どうすれば緊張を抑えて良い状態で試合に臨めるかを模索しました。

そのひとつに、大会の1週間くらい前からできるだけ人と話をしないようにすることを意識していました。本来はおしゃべりで、人と話をするのが大好きな私ですが、話に夢中になると自分の意識が分散し、大会に向けた練習や心の準備に集中できなくなるのが嫌だったのです。

だから試合が近くなると、自然と「話しかけないでオーラ」が出て、普段は和気あいあいやっているチームメイトも「いつものことだな」と察知し、私に近寄ってきませんでした。また、両親や友達との携帯電話やメールのやり取りも必要以上にはしませんでした。

そうやって自分の中にぐーっと意識を集中させ、溜まったエネルギーを試合本番で一気に放出するというような感じでした。他の選手の中には、試合直前にパッとモードを切り替えられる人もいて、うらやましいなと思うことも。でも、私はそれができない不器用なタイプ。だから経験を重ねる中で、いろいろな方法を試し、自分に合う方法を見つけてきました。

また、私自身、完璧主義な性格から、すべてにおいて完璧を求めすぎてしまい、自分で自分の首を絞めてしまうことが多々ありました。うまくいかないこと、自分の弱い部分をなかなか受け入れることができない、そんな一面もあったのです。

メンタルをコントロールする力

メンタルの弱さって、誰にでもあると思います。人間ですから、それが当たり前ではないでしょうか。世の中、完璧な人がいないように、完璧なメンタルの強さを手に入れるのもまた、むずかしいように思います。

ただメンタルが強いと言われる選手や試合に勝てる選手というのは、たとえ弱さがあったとしても、ゲームの大切な場面でそれが出ませんし、相手にもなかなか見抜かれません。弱い部分がありながら、得意なプレーや戦術でうまくそれをカバーしているのです。

私自身それができるようになってきたなと実感したのは、全日本選手権大会一般の部で初優勝した18歳の時（２００３年）でした。

それ以前も全日本選手権ジュニアの部では15歳の時に初優勝していましたが、一般の部では17歳のベスト8が最高だったので、仙台育英学園高校を卒業してミキハウスに入社した社会人１年目に、全日本選手権大会優勝を最大の目標に掲げ、それを達成できた時はとてもうれしかったことをよく覚えています。

当時を振り返ると、この全日本選手権前に調子が上がらなかった私は、「この1年、全日本に懸けてやってきたのに、なぜ調子が上がらないの？　自分は全然成長できていないのかもしれない」と焦りを感じていました。

いざ試合が始まっても、体調はすぐれず、決して調子がいいとは言えませんでした。しかし調子が悪かったからこそ、優勝を意識するのではなく、一つひとつ目の前の試合に集中し、自分のやってきたことに重きを置いて、無我夢中でプレーすることができました。

皮肉なものですが、**調子が良くなかったからこそ、そしてまだ自分の実力が高くなかったからこそ、相手を分析し、崩すことを軸に戦い、勝つことができたのです。**

この大会を経験したことで、たとえ大会前に調子が上がらなくても、「これくらいのほうが、試合本番ではいいプレーができるかもしれない」と、少しずつ思えるようになったのです。

この大会を機に、自分自身のメンタルとの向き合い方や考え方がどう変わっていったのか？　それはのちほど詳しくお話しするとして、私は卓球におけるメンタル強化というのは、**メンタルを「強くする」というよりも、「調整する」「コントロールする」と考えたほうがしっくりくると思うのです。**

Mental strengthening method Table Tennis

Chapter1 06

1番になれなかった学生時代

5歳で卓球を始め、２０１６年4月に現役選手を引退するまで、私は全日本選手権で5度優勝し、世界選手権にも14大会連続で出場させていただき、さらには２００８年北京大会と２０１２年ロンドン大会でオリンピック日本代表になることができました。その中でも、ロンドンオリンピックで日本卓球界初のメダルを日本に持ち帰れたことは、私の卓球人生の中で一番達成感があり、「卓球をやってきて良かった。本当に幸せ」と感じた結果でした。

ところが学生時代は、なかなか1番になれず、高校1年生の全日本選手権ジュニアの部で優勝するまで、ずっと2位や3位、あるいはベスト8止まりでした。とにかくチャンピオンに縁がなく、全国規模の大会で優勝を目前にしながら、**あと1本が取れない、いわゆる「勝負弱い」選手だった**のです。

ちなみに、どれくらい勝てなかったかと言いますと、小学生からのシングルスのおもな戦績はこんな感じでした。

小学2年生　全日本選手権バンビの部　準優勝
小学4年生　全日本選手権カブの部　準優勝
小学5年生　全日本選手権ホープスの部　ベスト8
小学6年生　全日本選手権ホープスの部・カデットの部（13歳以下）　ベスト8
中学1年生　全国中学校大会　ベスト8
　　　　　　全日本選手権カデットの部（13歳以下）　3位
中学2年生　全国中学校大会　ベスト16
　　　　　　全日本選手権カデットの部（14歳以下）　3位
中学3年生　全国中学校大会　3位
　　　　　　全日本選手権　4回戦負け／ジュニアの部　4回戦負け
高校1年生　インターハイ　ベスト8
　　　　　　全日本選手権　5回戦負け／ジュニアの部　優勝

ここにあげたのはシングルスのみのおもな戦績ですが、見事なまでに2、3位やベスト8

のオンパレードでしょう？

団体戦の優勝はありましたけれども、こうなってくると、なぜ自分はシングルスで1番になれないのか、このままでは自分の卓球人生、優勝できずに終わってしまうのではないか、自分は日本一とは縁のない人間なのではないか、と真剣に悩んでしまいます。

みなさんの中にも、同じような経験をされている方がいるのではないでしょうか。

1番にも、いろいろあると思います。クラブや部活の中で、地区の中で、都道府県や関東・関西などの地方の中で、そして全国で、それぞれのエリアでトップに立ちたいという人の気持ち、とてもよくわかります。

1番になりたい気持ち

では、どうすれば1番になれるのでしょう？

私は中学生（仙台育英学園秀光中学校）の頃に一度だけ、卓球部監督の大岡巌《おおおかいわお》先生に「どうやったら私は日本一になれるんですか？」と聞いたことがありました。

すると大岡先生は、「今は平野が将来、世界の舞台でプレーする、もっと上に行くための土台づくりをしている時期だから、いい経験をしていると思ってがんばっていこう」と私に言いました。
当時の私は一刻も早く同世代の中で日本一になるという目標を実現したかったので、「経験よりも日本一という結果がほしい」と、心の中では思っていました。

でも、私にできることは、私が日本一になるために熱心に指導してくださる大岡先生の言葉を信じ、日々の練習で自分のレベルを高めていくことだけでした。私は正しいフットワークや重心の乗せ方などを身につけるため、1球1球ゆっくり、そして正確に動き、全身をバランスよく使えるような基礎固めを、来る日も来る日も繰り返しました。

ところが、いざ大会へ行くと、女子卓球の強豪である四天王寺中学校の選手たちは新しいサーブを身につけていたり、勝つための戦術や技術を駆使してきたりして優勝をさらっていきます。それは仙台育英学園高校に進学してからも同じでした。
選手である以上、やはり1番になりたいというのが本音です。そのために私は変わりたかった。ライバルの四天王寺高校を倒してチャンピオンになれる、強い平野早矢香になりたいと心の底から思いました。

それにはやはり、あと一本を取って勝ちきれる強さがほしい。

それには勝負どころで負けない強いメンタルが必要だ。私に足りないのは、技術以上に心の強さ、自分を信じる気持ちかもしれない。そんなふうに考えていたような気がします。

当時は今みたいに「メンタル」という言葉は一般的ではなかったので、それに近い感覚で「気持ち」という言葉を使っていました。でも、「気持ちを強く、自信を持って戦う」と頭ではわかっていても、**試合の時にボールをしっかり打つ、コントロールする技術がなければ試合での勝ちにつなげることはできません。**


中学時代の私は気持ちの持ち方もさることながら、それ以前に一つひとつの技術レベルを高め、それを基盤に自信を持って戦える、そういう選手にならなければいけなかったのだと思います。

はじめにお話ししたように、メンタル単体で強くなろうと思っても、そうはいきません。

私の場合は、「技術レベルを上げていくことで自信を持てるようになった、気持ちが変わった」という、技術面からのアプローチで、メンタルが改善していった例だと思います。

大岡先生は私の技術レベルをきちんと見極めたうえで、1番になりたいと焦る私を長い目で指導してくれたのでしょう。

結局、基礎練習は中学高校合わせて6年間に及びました。今思えばあの頃、徹底的に基礎固めをしっかりしたことが、その後の競技人生に生きたと思います。そして、1番になれない時期が長かったことで、目標を達成するまでやり続ける我慢強さも培われたのだと、大岡先生に感謝しています。

Mental strengthening method
Table Tennis
Chapter1
07

思いどおりにいかなくて当たり前

試合になるとよく、「練習ではできているのに、試合だとなぜできないんだろう？」という選手がいます。でも、その考え方自体、そもそも間違っていると思います。

対人競技の卓球には必ず相手がいます。シングルスなら1人、ダブルスは2人ですが、ダブルスの場合、自分のパートナーも加えると、自分以外の人間が3人いることになります。

物事というのは卓球に限らず、人数が増えれば増えるほど複雑になり、思いどおりにいかなくなるものです。しかも、全国規模や世界規模の大会ともなれば、誰もが慣れない雰囲気に緊張し、自分をコントロールすることさえむずかしいので、予期せぬことが起こりやすいのです。

そう考えると「思いどおりにいかなくて当たり前」。これは私の経験上、痛感していることのひとつです。

また、試合の「流れ」も思いどおりにならないことのひとつでしょう。特に卓球では試合の流れが、あっちへ行ったり、こっちへ行ったり、しょっちゅう変わります。

そのことについて、みなさんは不思議に思ったことはありませんか？　卓球の試合では交互にボールを打ち合う中で、**お互いの技術や戦術、メンタルなどがつねに変化し、それによって自分の流れと相手の流れが絡み合います。だから試合全体の流れも変わりやすい**と思うのです。

また、今回は100のうち80の力で勝てた相手に、次の試合では110の力を出しても勝てないことがしばしばあります。

これは対人競技の結果が相対的だからに他なりません。自分の技術レベルや状態も前回とまったく同じということはないですし、相手だって、一度負けたとなれば戦術を変えてくる、対策練習をして実力を上げてくるということは当然起こりうるでしょう。どうしても相手がいることなので、自分ひとりではどうにもならない要素がたくさんあり、結果をすべてコントロールすることはできないのです。

それなのに多くの選手が、試合で思いどおりにならないと、「なぜ、うまくいかないの？」と、なぜなぜ尽くしになってしまう。心当たりのある方は、ぜひ**「思いどおりにいかなくて当たり前」**を頭の隅に置いて、試合中に思い出してみてください。

Mental strengthening method
Table Tennis

Chapter1
08

不安なことの半分は起きない

競技をしていると「不安」になることがしばしばあります。「試合前、負けたらどうしようと不安になってきた」とか、「大事な場面で1本ミスをしてどんどん不安が増してきた」など、心当たりのある方は多いのではないでしょうか。

でも私の経験上、**自分が不安に思うことの半分くらいは実際に起きていない**と思うのです。

たとえば、試合で相手選手にロングサーブを出され、レシーブミスをしたとします。すると心理的に「ロングサーブを警戒しなくちゃ」となるわけですが、自分にとってこれが手痛いミスだった場合、相手のロングサーブのインパクトが強いあまり過剰に警戒してしまうことがあります。

ところが試合が終わってビデオの映像を見てみたら、ロングサーブは1、2本だけ。「自分ではもっと出されたような気がするのに、おかしいなぁ」ということがあるのです。
つまりこれは、自分の感覚と実際に起きていることにはギャップがあるということです。ネガティブな思い込みが強いと不安はどんどん膨らんで、その妄想が自分を追い詰めてしまうこともあると思います。

では、どうすればいいのでしょうか？　考え方としては、予測や注意をしつつも、基本的には目の前で起きたことに対処するのがいいと思います。「取り越し苦労」という言葉があるように、現実に起きてもいないことを心配しすぎて不安になり、プレーが萎縮したり、冷静さを失って戦術の判断を誤ったりしては元も子もありません。

さらに言えば何か問題が起きた時は、**それが今対応すれば解決することなのか、今考えても解決しないことなのかを判別し、その場で考えても解決しないことは、考えずに置いておく。これが無駄に不安を大きくしないひとつの方法**だと思います。解決できることから考え改善していく中で、そのうち見えてくるものが必ずあると私は思っています。不安を感じる余裕がないくらい、目の前のことに集中するというのが理想ですね。

Mental strengthening method Table Tennis

Chapter1 09

メンタルは強くできる

すでにお話ししたように、私はもともとメンタルの強い選手ではありませんでした。それどころか勝負どころで勝ち切れない、むしろメンタルの弱いタイプだったと思います。

それが大きく変わったのは、２００８年2月の世界選手権広州大会。韓国に追い込まれた状況から大逆転で勝利を飾り、日本の団体銅メダルに貢献し、「勝負弱い平野」から「勝負強い平野」と認識してもらえるようになりました。「鬼」と呼ばれるようになったのもこの頃からです。

そう、私は自身の経験から、**「メンタルは後天的に強くすることができる」**と、断言できます。

メンタルの強さは決して生まれ持った能力だけではなく、技術や体力と同じように、日頃の意識や考え方、そして自分自身の経験をたくさん積んでいく中で、以前の自分より強くなることができるのです。

私が経験した2度のオリンピックも、私のメンタルを強くしてくれました。オリンピックでの貴重な体験を抜きにして、メンタルの話はできないと言ってもいいくらいです。

初めて出場したのは2008年の北京オリンピック。それまでオリンピックの卓球種目はシングルスとダブルスでしたが、ダブルスの代わりに団体戦が採用され、個人と団体の2種目になりました。この時、私は日本代表として個人、団体の両方に出場しました。

しかし、自分の力はある程度出し切れたものの、初めてのオリンピックで想像以上の緊張感とプレッシャーを感じてしまい、この大舞台でメダルに届く技術もメンタルも自分には足りないと感じました。

世界選手権の団体銅メダルを機に、メンタルはだいぶ強くなれたつもりでいたのに……。

思えば学生時代、高校1年生の全日本選手権ジュニアの部で優勝するまで、いつも2、3位が最高。社会人1年目に全日本選手権で初優勝しても「チャンピオンらしくないチャンピオン」と言われ、なかなか高い評価を得られなかった私です。子どもの頃から夢見てきたオリンピックの出場が決まったうれしさは並大抵ではなかったものの、代表入り後は周囲からのメダルへの期待の大きさも感じ、メディアからも以前より注目され、過度のプレッシャーを自らに課してしまったのでしょう。

大会本番では、開会式でうれしさと興奮のあまり涙が出てきました。また、卓球の試合会場となった北京大学の体育館に入った時には、満員の観客で埋まった会場がキラキラと輝いて見えました。

緊張感と向き合う

こうした過度の感情の高ぶりは、よく言えば感動しているのですが、**完全にオリンピックの独特な雰囲気に飲まれ、極度の緊張状態で平常心を失っている証拠**です。

実際、個人戦に先駆けて始まった団体戦初戦の1番手で試合に臨んだ時は、自分でもびっくりするくらい手が震えて、なかなか止まらなかったのを覚えています。いつもなら、試合が始まれば徐々に緊張も消えるのですが、この時ばかりは1ゲーム目が終わるまでずっと震えっぱなしでした。

オリンピックというのは、自分の技術も普段の練習や生活も、性格やメンタルの弱さまですべてがさらけ出される場。私はそれを痛感し、自分の弱さをもう一度改めて認識することとなりました。
結局、北京オリンピックは韓国との3位決定戦に敗れ、メダルを逃してしまいましたが、北京オリンピックでの苦い経験があったおかげで、4年後の2012年ロンドンオリンピックまでの厳しい練習や試合を乗り切ることができましたし、本番で団体銀メダルに貢献できたのだと思います。一度、オリンピックを経験していたので、オリンピックの雰囲気をイメージして準備できた、とてつもなく大きなプレッシャーに対しての心構えができていたのが大きかったように思います。

試合では大なり小なり、誰もが緊張するものです。「自分は緊張しない」という選手が時々いますが、普段の練習の時とはやはり勝手が違うはずです。繰り返しになりますが、それは**卓球には必ず相手選手がいて、自分の思いどおりにいかないことがたくさんあるからです。**

もしみなさんが大会に出て、しかもそれが憧れの大舞台や大事な試合だったとして、極度の緊張やプレッシャーで力が発揮できなかった時、それをどう捉え、いかに克服し、その後につなげていけばいいのか……。

2014年東京で開催された世界選手権では「団体」で銀メダルを獲得した

次の章からは、もともとメンタルが強くなかった私が競技生活の中でトライ・アンド・エラーを繰り返しながら見つけた、平野流メンタル強化の方法を具体的にお話ししていきたいと思います。

Mental strengthening method
Table Tennis

Chapter
2

メンタルトレーニングの準備

「自分の力を出し切れない」「緊張してしまう」など、メンタルにおいて悩みを抱えている方は多いでしょう。メンタルをコントロールするためには準備が必要。ちょっとした考え方で変わるメンタル調整法のヒントをいろいろな切り口で考えていきましょう。

Mental strengthening method Table Tennis

Chapter2 01

問題点を整理する

メンタルが弱いと思っている選手の中には、自分の問題点を整理できていない選手も多くいます。それはどういうことなのか。技術の話に置き換えてお話しするとわかりやすいのではないでしょうか。

私は講習会などで卓球の指導をしますが、選手から「サーブがうまくなる方法を教えてください！」とか「フォアハンドはどう打てばいいですか？」と質問されることがあります。

一方、「平野さんが打っている巻き込みサーブを打っているのですが、下回転の短いサーブがうまくできません。うまく打つためにどこを意識すればいいですか？」とか「相手の攻撃に対し、フォアハンドで打ち返す時、クロスに打とうとしてもうまく入りません。どのように打てば、入るようになりますか？」と、質問してくる選手もいます。

さて、あなたはどちらの質問に対して、答えやすいですか？　両方とも技術の方法論についての質問ですが、最初の2つの質問は漠然としていて、何から話せばいいのか、わからないと思いませんか？　それに比べ、あとの2つの質問は状況をイメージしやすく、答えやすいのではないでしょうか。

このように**具体的に質問できるのは、自分の問題についてよく考えている証拠です。問題点の整理がうまい**と言えるでしょう。

問題を掘り下げる

メンタルの問題についても、同じことが言えると思います。

第1章のはじめにあげた、競技者によくある悩みを例にとると、「勝負どころや競った場面で緊張しすぎて、自分の力を出し切れない」という人は、どういう状況でそうなってしまうのでしょうか。

緊張してしまう要因として、勝ちを意識しすぎるあまり、ミスをするのが怖くてそうなってしまうのか？　日頃から、競り合いの場面をイメージして練習ができていないのか？　競り合いの経験が少なく、状況に慣れてないのか？

このようにひと言で「緊張して力を出せない」と言っても、いろいろなパターンがありますし、いろいろな角度から要因を探ることができると思います。

こんなふうに**自分の抱えている問題を掘り下げていくと、問題の背景にある原因がおぼろげにでも見えてくるもの**です。原因がわかってきたら、さらにそれを深掘りしていきます。

たとえば、「日頃から競り合いの場面をイメージして練習ができていない」という人は、練習の最後に必ず10対10からの試合をするといいでしょう。

自分の緊張感を高めるために、何球連続で入らなければ練習を終われないというルールをつくるとか、ビデオなどを見て勝負どころの緊張感を自分で再現して練習するなど、その課題を解決するための練習方法や意識を向けるところを考えていくわけです。

こうした分析を繰り返していくと、自分でも気づいていない、あるいは「そう言われてみれば……」と、心当たりのある真の原因にぶち当たるもの。そこにメンタル強化のヒントが隠されているはずなのです。

Mental strengthening method Table Tennis

Chapter2 02

完璧を求めすぎない

完璧を目指す姿勢、それ自体はとてもすばらしいと思います。ただ、完璧を求めすぎるのはあまりよくないと思います。

私が完璧を求めるタイプの選手で、追い求める理想と実際の実力のギャップに苦しみ、自分で自分を追い詰めてしまうようなところがあったからです。完璧を求めすぎて冷静でいられなくなり、メンタルが崩れるというようなことも多々ありました。

たとえば、試合の中でチャンスボールがきたら、１００パーセントの力で打とうとする選手をよく見ますが、１００パーセントの力ではなく8割くらいがちょうどいい。なぜなら、１００の力、いわゆる全力で打とうとすると力《りき》みが出てミスをしたり、相手の位置を見て打つコースを冷静に選択できなかったりするからです。

その点、**少し余力があれば、適度にからだから力が抜けて、相手を見る余裕も**

でき、次に返ってくるボールに対する準備もできます。

でも現役の頃の私は、この**「8割思考」**がなかなかできませんでした。特に練習では、つねに完璧を求めていたので、なかなか「こんなもんかな……」と思えなかったのです。

その中でも、勝ちにこだわりたい自分の性格にちょっと救われたなと思う部分は、試合の土壇場、最後の最後では、「どんなかたちでも、どんなにカッコ悪くてもいいから、なんとか勝ちにつなげる」と完璧主義の自分を捨てることができたところです。

バランスの良い状態をつくる

この世に完璧な人がいないように、卓球にも完璧はありません。卓球の試合というのは11対9、12対10など、極端に言えば最後に2本差をつけて勝てればいいのです。そう思っていないと、うまくいかなかったり、ミスしてしまう自分を許せなかったり、力いっぱい打ったナイスボールを相手のいるところに打ち、逆にカウンターをくらうなど、自分で自分の首を絞めることになってしまいます。メンタルの崩れ方にもいろいろありますが、完璧主義者に多いのがこのケースだと思います。

一方、これとは逆に、**物事を突き詰めるのが苦手**という人もいるでしょう。原因としては飽きっぽい、執着心が薄いなどということが考えられます。

このようなタイプの人は、同じ課題を練習するにしても、いろいろな練習方法を試したり、時間で区切って内容を変えてみたり、時にはトップ選手の真似をしたりしながら、遊び感覚で技を覚えるのもいいと思います。

ただし、私自身の経験上、目指すところが高くなればなるほど、技を身につけるために費やす時間や、自分の心を強くして成長するために必要な時間は、必然的に長くなると思います。

完璧主義の人も、逆に物事を突き詰めるのが苦手な人も、自分の目標にたどり着くために、**自分の性格をよく理解し、偏っている部分があれば調整して、バランスの良い心の状態を探してもらいたい**と思います。

Mental strengthening method Table Tennis

Chapter2 03

自分に合う方法を見つける

メンタルを強くするには何をすればいいのか。それを知りたくて本書を手に取ってくださったみなさんは、きっと研究熱心な方々だと思います。

試合で勝てる選手になるために、自分はどうしても変わりたい。

その切実な思い、私も現役時代に抱いていましたから、とても共感できます。

思うに、メンタル強化の近道は、自分に合う方法を見つけることだと思います。ただし、ゼロから編み出すのはあまりにも時間と労力がかかりすぎますから、**まずは世の中にある方法の中で、これだと思うものを見つけ、試してみて失敗したら、また別の方法を試すというトライ・アンド・エラーを繰り返す。**私の場合はそうして、自分に合う方法を見つけ出していきました。

いくつか実例をあげてみましょう。


まず、メンタルや勝負に関する本はよく読みました。

もともと本好きというのもありますが、仙台育英学園の6年間に続き、ミキハウスに入り社会人になってからも部屋にテレビを置いてなかったので、練習をしていない時間はよく読書をしました。試合の移動も多かったので、旅先にも本を持参しました。

その中から特に大きな影響を受けた印象深い作品をご紹介します。


『原因と結果の法則』ジェームズ・アレン著（サンマーク出版）

社会人1年目、18歳の時、全日本選手権で初優勝する直前、調子が上がらず精神的に不安定だった時に、たまたま目に止まり読んだ一冊。1902年の出版から1世紀以上も経つのに、今なお読み継がれている名著なのだそうです。表面に表れる「結果」はすべて、内面にある「原因」によってつくられていて、結果を変えたいのなら原因を改善しなくてはならないとか、達成したい目標があるならば、そこに自分の「思い」を集中させなくてはならないといったことなどが書かれていました。

当時、「優勝」という結果ばかりを追い求めていた私でしたが、この本を大会前に読んだことで、もう一度結果につながる原因の部分、試合までの準備をしっかりとやっていこうと思えたのです。

『メンタル・マネージメント――勝つことの秘訣』ラニー・バッシャム著（発行：メンタル・マネージメント・インスティテュート／発売：星雲社）

ライフル射撃の金メダリストが自身の競技経験をベースに勝者の要素を研究し綴った一冊。勝者とそれ以外の人々を隔てるのは「考え方」であり、それは「意識」「下意識（潜在意識）」「セルフ・イメージ」といった3つの精神活動と関連している。この3つをバランスよくコントロールできる人が勝者になれる、と説いています。ライフル射撃は対人競技ではありませんが、競技の種類を超えて、あるいはビジネスや教育にも生かせる内容だと思います。

『運に選ばれる人 選ばれない人』桜井章一著（東洋経済）

麻雀の世界で「雀鬼」の異名を持つ雀士による一冊。桜井さんは20年間、無敗のまま引退したという伝説の勝負師です。勝負事には「運」がつきまといますが、どうすればその運を掴むことができるのか。ヒントは日常の暮らし方にあると、桜井さんは説いています。オリンピック初出場を目指し代表レースでしのぎを削っていた2008年の北京オリンピック前、精神的に追い詰められていた私を心配してくれた知人が、この本をプレゼントしてくれました。

ものすごく感銘を受けた私は、他にも桜井さんの本を読みあさり、ご本人に「これから人生最大の大勝負が待っています。勝負に対する心構えを教えてください」と手紙を書いて、実際に桜井さんのもとを訪ねたくらい影響を受けました。

『心を整える。勝利をたぐり寄せるための56の習慣』長谷部誠著（幻冬舎）

みなさんもよくご存知のサッカー日本代表キャプテンの長谷部選手が、ご自身の経験の中で培ったメンタルコントロール術について書かれた本です。「心は鍛えるものではなく、整えるものだ」という考え方に共感しますし、食事や睡眠、もちろん練習も含めて、日々の生活リズムから整えることで、試合本番で十分に力を発揮できるという姿勢も勉強になりました。

また、長谷部選手はサッカーにおいて、何か突出したテクニックを持っているわけではないという部分も自分と重なりました。ちなみにこの本は2012年ロンドンオリンピック前に読んで、とても印象に残りました。
この他、本を読む以外にも、古武術の先生にからだの使い方を教わったり、雀士の桜井章一さんには、「試合の流れは頭ではなく、からだで感じるもの」ということを教わったりしました。
一見、卓球とは関係ないように見えるので、よく「え?」と驚かれますが、メンタルとからだはつながっていますし、麻雀でも卓球でも勝負事には必ず「流れ」があるので、心理戦における流れの読み方や引き寄せ方は本当に勉強になりました。

もちろんすべての人に合うわけではないと思います。しかし私の経験上、**自分が良いと思うものを参考にしてアレンジし、自分の中に落とし込むことで卓球に取り入れることができる**と思うのです。

みなさんもそれぞれ、自分に合う方法がきっとあるはずです。私自身は、このようにいろいろな人の本を読むことで知識も増え、考え方や物事の捉え方も変わったと思うので、日頃あまり本を読まないという方はぜひ今後、本を読む時間をつくってみてはいかがでしょう。

Mental strengthening method Table Tennis

Chapter2

04

ルーティンは必要か？

これも、自分に合う方法を見つけるという話の続きになりますが、競技者にはルーティンを設けている人と、そうでない人がいます。私は設けていないほう。試した時期もありましたが、自分にルーティンは向いていないと思い、やめました。

卓球はそもそも対人競技で相手のペースもありますし、大会へ行けば1日に何試合もあって、しかも開始時間は前の試合の進行次第で前後することが少なくないので、ルーティンを決めても、ほとんどそのとおりにいかないのです。

特に私は、決めたことを完璧にやりたいタイプですから、ルーティンがかえって負担になってしまいました。

他方、ルーティンを取り入れやすい競技はあるし、ルーティンが向いている選手もいると思います。たとえば、よく知られるところでは、やはり野球のイチロー選手でしょうか。バッターボックスに入った後、バットをぐるりと回し、ユニフォームの右袖をぐっと上げる仕草がとても印象的ですが、イチロー選手は日常生活にもたくさんルーティンを設けていると聞いたことがあります。それを一つひとつ行うことで、心身ともにストレスフリーな状態を保っているそうです。

2015年ラグビーワールドカップで大活躍した五郎丸《ごろうまる》歩《あゆむ》選手も、ルーティンが話題になりました。キックの時、両手を合わせて祈るようなあの独特なポーズは、聞くところによれば、丹田と呼ばれる、おへその下あたりの重心を意識するための構えだそうです。ラグビーのキックでは、相手を気にせず、自分に集中しボールを蹴るタイミングを図ればいいので、ルーティンはもってこいなのかもしれません。

余談になりますが、「願かけ」というのもありますね。私も高校3年生の時、勝負ユニフォームがあって、この大会は絶対に勝ちたいという試合では必ず着て勝利をあげていました。

ところが高校3年の一番勝ちたいという思いで臨んでいたインターハイでは、この勝負ユニフォームを着たのに決勝で負けてしまったのです。

私はこの時、「こんなことに頼るものじゃない。自分の力で勝たなきゃいけない」と肝に銘じ、それ以来、願かけをしなくなりました。

ルーティンが必要かどうかは意見が分かれると思います。まずはみなさん自身で試しにやってみて、どんな感じになるか確かめてみるのがいいように思います。

ルーティンを決めたほうが落ち着けて、**良い精神状態になるのであれば、取り入れるべき**です。けれども、私のようにルーティンにこだわりすぎて、それをこなせないと不安になってしまうようであれば、**無理に取り入れなくてもいい**と思います。

Mental strengthening method Table Tennis

Chapter2 05

イメージの効果とは?

競技では、よくイメージが大切と言われます。

たとえば、オリンピックで金メダルを取った選手が、「優勝する場面をイメージしていました」なんて言ったりすることがありますね。私自身もイメージの重要性は認識していますが、現実的には一度体験したことでないと、なかなかイメージできない選手でした。

1回でもその大会で優勝したことがあれば、次の大会でも自分が表彰台の真ん中に立ち、優勝カップを手にしている姿をイメージできますが、そうでもなければ優勝している姿をイメージすることはできなかったのです。

イメージを膨らませることに関しては苦手なほうでしたが、どうしても優勝したいという思いが強かった18歳の全日本選手権では、いろいろなことを考えて工夫しました。そのひとつとして、自分がまるで全日本女王のような堂々とした振る舞いをすることを心がけてみたのです。いわば、全日本チャンピオンを演じたのです。

当時のチャンピオンを見て、「ボールはあんなふうに拾いに行くのか」とか「入場の時はあんな歩き方をしているのか」とか観察し、卓球の技術以外の立ち居振る舞いなどを真似してみたのです。

そんなことをしたって全日本チャンピオンになんてなれっこないよ、と思われるかもしれませんが、自分のなりたい姿を真似たり、こんなふうになりたいと思う人をイメージすることで、近い感覚になれたと感じることはありました。


そういう雰囲気は、どうやら相手選手やまわりの人も感じるようです。その結果、もちろんこれだけが理由ではありませんが、なりきるイメージを繰り返す中で、全日本選手権に5度優勝することができました。

イメージするのが苦手な方もいると思いますが、まずは**自分が俳優になったようなつもりで強い選手を真似て演じてみてください。**

私もいろいろ工夫することで、イメージを膨らませることが少しずつできるようになりました。

対戦相手をイメージする

組み合わせが早く決まっている全日本選手権前は、1試合1試合対戦相手をイメージして練習していました。対戦相手と同じような戦型の選手と練習して、対戦相手と同じようなサーブを出してもらい、対戦相手の打つコースに打ってもらいます。

オリンピックや世界選手権に帯同してくださったナショナルチームの練習パートナーには、ライバル国の選手と同じラケットラバーを用意してもらい、対戦前に対戦相手と同じラケットラバーを使用して練習してもらったこともあります。

中国ナショナルチームは、福原愛《ふくはらあい》選手のコピー選手や平野美宇《ひらのみう》選手の対策要因として何人も練習相手を用意していたという話を聞いたことがあります。福原選手のコピー選手と言われた選手は、福原選手の髪型まで真似していたのではないかという、ユニークな話も聞いたことがあります。こういったことも練習のうちから、**「相手選手をどれだけイメージして準備するか」**ということなのでしょう。

新しい技術の習得はイメージから入る

また、メンタルだけでなく技術面に関しても、イメージはとても重要です。私はブロック、いわゆる守備が比較的得意な選手でした。相手に打たせ、そのボールをカウンターやブロックする時、相手が打つ前の段階で「こんなボールが飛んでくるな」とイメージできたのです。

自分の送ったボールの質、相手の打ち方やラケット角度、そして体勢などを見ることで、飛んでくるボールの軌道をイメージできた時に良いブロックができました。ブロックに限らず、自分が攻撃するボールだって同じですよね。**新しい技術を覚える時、どんなボールを出したいかイメージができる選手こそ早く習得できる**と思います。頭の中で思い描いたりイメージすることは実現しやすいのです。

このようにメンタルを調整するためにも、技を習得するためにも、とても重要な役割をするのが「イメージする力」なのです。

Mental strengthening method Table Tennis

Chapter2 06

言葉の影響を認識する

強いメンタルを手に入れるには、言葉の影響もあなどれません。人は普段、**何気なく使う言葉から知らず知らずのうちに影響を受けていて、気持ちや考え方が変わる**と思うからです。

たとえば試合でも、「勝つぞ!」と「負けないぞ!」とでは、目的は同じでもニュアンスが違いますよね。また、指導者や応援する人がかける言葉によっても、選手のメンタルは違ってくるようです。

以前、選手たちの間で、試合中にどんな言葉をかけてほしいのかを意見交換したことがありました。その時、「『集中』って言われたくない」とか、「『がんばれ』って言われるのが好きじゃない」などの意見が出たのですが、これもまた選手によってまちまち。なかには、やる気が出る、がんばれるという選手もいました。

試合中、自分の言葉によって気持ちを落ち着かせたり、逆に奮い立たせたりということもあります。私もよく、「次に切り替えて」とか「今の悪くないよ」「大丈夫、大丈夫」などと自分に声をかけたものです。

結局、自分の声は自分の耳で聞いているので、日頃からどんな言葉を使っているかがとても大事。「楽しい」と言っていることが多いのか、「疲れた」と言っていることが多いのか。「できる」と言っていることが多いのか、「できない」と言っていることが多いのか。文句が多いのか、感謝の言葉が多いのか。

自分が発する言葉はポジティブにもネガティブにもメンタルに影響していると思います。そして、そのことを認識している人は、案外少ないものです。

指導者や親御さんが、子どもたちにどんな言葉をかけるかも重要です。そして、そのタイミングもまた大切。これについては第6章「ジュニア選手のメンタル育成法」で詳しくお話ししたいと思います。

Chapter2 07

客観的な「第三者」はいますか？

自分を客観的に見るのはむずかしいものです。なおかつ、メンタルという目に見えない部分を分析するのはとてもむずかしいことだと思います。

そこで、技術の習得でもそうですが、コーチに見てもらったり、ビデオの映像を確認したりするように、メンタルを強くするのにも、選手を客観的に見て分析できる「第三者」が必要になってきます。

メンタルトレーナーのような専門家がいればそれに越したことはありませんが、普段から練習を見てくれているコーチやトレーナー、自分の性格や考え方を理解してくれている親御さんでもかまいません。

とにかく**自分の身近な存在に、自分の考え方のクセや習慣、その時々の状況を把握してもらっておいて、たとえば調子が落ちた時や行き詰まった時などに、**

自分では気づかない原因を分析してもらい、アドバイスをもらえるのが理想的です。

時には、ビデオなどで映像をチェックする際に、技術面の部分だけでなく、自分のしぐさや試合の時の表情、立ち振る舞いを注意して見てみるのもいいかもしれません。自分を改めて見てみると、何か気づくことがあるかもしれないからです。

信頼の置ける人を見つける

ちなみに私の場合、「客観的に見てくれる第三者」は、気心知れたコーチでした。

私は違いましたが、卓球では親御さんがコーチを務めているケースが多いので、お父さんやお母さんが一番の理解者だという選手もいるでしょう。

現在、第一線で活躍している代表クラスの選手の中にも、親御さんがコーチをしていたり、アドバイザー的に手厚いサポートをしていたりする親子がいます。これも親子の信頼関係や相性みたいなものもあるかもしれません。

私も小学生の頃は、父と一緒によく試合のビデオを見て、自分や相手選手を分析していたのですが、ある時、父から「もっとこうしたほうがいい」と指摘され、それを素直に聞けなかった私は、「そんなに言うならお父さん自分でやってみてよ！」と逆ギレしたことがありました。なんてかわいそうなお父さん。反抗的な娘でごめんなさい（笑）。

今となっては笑い話ですが、こういう性格のお子さんには、コーチなど肉親以外の第三者のほうが適任かもしれません。

練習時のメンタルコントロール

試合で力を発揮するには、何事においても練習時の取り組みが大切です。もちろんメンタルも日頃の練習を工夫することで鍛えることができます。練習を試合での勝利に結びつけるために、私自身が試行錯誤してきたメンタル調整法や考え方を紹介します。

Mental strengthening method Table Tennis

Chapter3 01

我慢できますか？

試合では、我慢をしなければならない場面があります。

競り合いでなかなか点が取れない、自分になかなか流れがこない、今日はアンラッキーなボールが多い、なんていう苦しい場面が試合では必ずありますよね。

私は、相手の流れの時はできるだけミスを減らして1球でも多く返す球数を増やし、自分に流れがくるまではしぶとく粘り強いプレーをすることを意識していました。


そういった場面で我慢できる選手とできない選手、いったい何が違うのでしょう？

思うに、**普段から我慢をする習慣があるかないかの差**のような気がします。普段は気ままに過ごしているのに、試合の時だけ、自分が一番ほしいポイントの時だけ我慢するなんてできないと思うからです。

私が学生の時に経験したことを例にあげてみましょう。

子どもの頃から卓球が大好きだった私は、毎日の練習がとても楽しみでした。できることならもっとたくさん練習したい！　と思っていました。そんな中、母は「学校の宿題をちゃんとやらなければ練習に連れて行かない」というルールをつくったのです。

卓球好きなら誰だって、宿題よりも練習がしたいですよね。私もそうでした。でも、宿題を後回しにせず、やるべきことをちゃんとやってから練習に行く。そうやって、本当は避けて通りたいことや苦手なことから逃げない習慣が、知らず知らずのうちに身についていたのだと思います。

決して特別なことではありませんが、**自分の嫌なことと向き合うこと、それ自体が自分を律するうえでのメンタルトレーニング**になっていたように思います。

卓球の強豪校である仙台育英学園の中学高校生時代は、校長の加藤雄彦先生から、「卓球部はスポーツの鏡であるように」と言われていました。海外遠征で授業に出られないこともあったのですが、テストで赤点だけは取らないよう、テスト前は眠い目をこすって朝方まで必死に勉強したものです。それも大好きな卓球のため。ものすごく大変ではありましたけれども、苦ではありませんでした。

自分を支えるための訓練

今の現役選手でいうと、現在、中学生の張本智和《はりもとともかず》選手が勉強と卓球を両立していることで知られていますね。彼のお母さんの、「選手は一生現役でいられるわけじゃないから、しっかり勉強して将来に備えなさい」という教育方針のもと、張本選手は小学生の頃から勉強熱心で、世界中を転戦する今も、旅先に宿題を持って行って、移動の飛行機の中などでやることもあると聞きます。小学生の時は県内の学力テストで10本の指に入るほど優秀だったとか。勉強ができて、卓球もあんなに強いなんて、すごいと思いませんか？

現在は親元を離れ、全国から選りすぐりのジュニア選手が集まる国の施設で寮生活をしていますが、そこから近隣の中学校に通いながら、1日数時間におよぶ練習をこなし、洗濯など身のまわりのことも自分でやっています。

私も中学に入る時、自分の意思で栃木県の実家を離れ、卓球の名門校として知られる宮城県の仙台育英学園に進み、寮生活をしました。

ちなみに仙台育英学園では、携帯電話は禁止、アイスクリームと炭酸飲料も禁止、部屋にはテレビがなく、電化製品は、ＣＤプレーヤーで音楽を聴くこととドライヤーを使うことだけ許されていました。もちろん男女交際も禁止です。

そんな禁欲生活をしていたものですから、親元で暮らしている子に比べれば、我慢をすることは多かったと思います。

こうした何かを我慢することは、自宅暮らしをしていても、たとえば栄養バランスを考えて苦手な食べ物もできるだけ食べるようにするとか、苦手な人ともうまくコミュニケーションをとれるように努力するとか、その気になればいくらでも訓練できるはずです。

もちろん、これらをやったからといって、すぐに試合で結果が出るわけではないかもしれません。でも、日常生活の中で少しずつ忍耐力がつき、いざ苦しい場面がきた時に自分を支えてくれる強いメンタルにつながっていくと、私は自分の経験で実感しています。

Mental strengthening method
Table Tennis
Chapter3
02

「できない」から抜け出す

練習を積んでいくと、できることが増える一方で、できないことも気になってきます。

私もそうでした。私がコーチをしたことのある選手にも、できないことばかり気にして落ち込んでしまう女の子がいました。

そこで、彼女が「できない」という否定的な考えから抜け出す方法として、こんな提案をしました。


今夜から毎日寝る前に、自分のいいところを3つ書いてみよう。


実はこれ、私も選手時代に一時期やっていたことがあります。ただ調子の悪い時や自分はダメだと思っている時に、いいところを3つもあげるなんて、なかなかできるものではありません。

だから、ほぼ無理矢理な感じで、「今日は早起きできた」とか「眠いのに、このノートをつけられた」とか、たいしたことではないような気もするけど、とりあえず何も思い浮かばなければ、今日できたことだけでも書くのです。

こんなことをやって意味があるのかな？　と思うかもしれませんが、それでいいのです。この行為自体が大事であって、**自分のいいところやできたことに目を向ける習慣がつくと、考え方が肯定的になってきます。**

そして、このノートは、自分の状態が再び落ちた時に見返すと、**「私にはこんなにいいところがある！　できることがある！　成長している！」と自信が出てきます。**

どうか忘れないでください。**自分に足りないことに目が向いてしまうのは、成長している証拠でもあることを。**皮肉なことに、一生懸命練習して、試合でも結果が出ると、目標がどんどん高くなって求めるものが増えていきます。

すると、「あれもできない、これもできない」となりがちですが、よくよく考えてみると、1年前の自分と比べたら確実に成長しているはずなのです。

ただ、時間をかけて積み上げてきたメンタルの成長や変化は、たとえば技術のように、ビデオ映像を見て今と昔とを比べてもわかりにくいかもしれません。

「できない」という思いにとらわれそうになった時、自分のいいところを3つ書き出すこの方法、ぜひ試してみてください。最初はむずかしく感じるかもしれませんが、私自身はこの方法で、良い心の状態を保つことができたように思います。

Mental strengthening method Table Tennis
Chapter3
03

判断力を磨く

卓球では判断力が重要です。相手のボールの回転を「この回転だろう」と瞬時に判断する力。相手のボールを打つ瞬間のラケットの角度を見て「このコースだ」と判断する力です。

またいろいろな戦い方がある中でこのかたちが一番いいだろう、「今の場面はこれだ」と選択する力など、試合の中ではさまざまな場面で判断力が求められます。

たとえばサーブの時、こんな経験はありませんか?

ここはいつもどおり短いサーブを出そうか、それとも思い切って長いサーブを出そうか。迷ったあなたは勇気を出して、長いサーブを出したとします。

ロングサーブは相手に読まれてしまうと強打されるリスクがあり、トップ選手でも勇気のいるサーブなので、勇気を出せたことはすばらしいと思いますが、もし、「長いサーブを出すべきだ」という判断が、そもそも間違っていたとしたらどうでしょう？
ただ**思い切りがいい、度胸がいいというだけで、状況を正しく判断できていなければ、それは相手のチャンスになりかねません。**

つまり、ここぞという場面で勝負に出る強いメンタルは必要でも、**それ以前に状況を見極め、どこまでリスクをおかすべきか、リスクをおかす場合それに伴う技術はあるか、**ということを判断する力が必要なのです。

では、どうすれば判断力を磨くことができるのでしょう？

まずは自分の技量を正確に把握すること、そして、考える力を身につけることです。

自分の技量を正確に把握するというのは、緊張した場面でもこれくらいの強さで打てばボールを入れることができる、コースはぎりぎりを狙いすぎるとコントロールできないかもしれない、などと試合の場面に応じて、自分が実行できる技量を知っておくことです。

考える力とは、試合の流れを見極め、状況に応じた戦術を選択したり、相手の能力や戦術を読んだりすることです。

これらは試合の場でいきなりできることではなく、やはり日頃の練習での意識が肝心です。

そして判断力を身につけるには、何と言っても経験が大切です。勇気を持って長いサーブを出したけどミスをしてしまった。回転量が多いと思って打ったらナックル（無回転）だった。というように、**試合や練習でたくさん失敗することも、正しい判断ができるようになるために必要**だと思います。

瞬時に判断する力

私は現役時代、何度も何度もいろいろな人と公式試合や練習試合をしました。その試合をビデオに撮って分析し、反省をしました。自分自身が下した一つひとつの判断はどうだったのか、正しかったのか？　間違っていたのか？　を検証していくのです。

判断していく中で意識していたことは、**迷わずにできるだけ早く判断すること**です。たとえ判断を間違ったとしても、迷いながら打つことはしないように、と意識してきました。迷いながら判断をし、迷いながら打っていい結果が生まれたことは一度もありません。

卓球の試合における判断力のポイントは「瞬時に」だと思います。日常生活の中では、ゆっくり時間をかけてさまざまなことを判断したり決断することがありますが、**卓球の試合においては、時間をかけ考え込んでいる暇はなく、瞬時にいろんなことを正しく判断していく能力**が私は大切だと思います。瞬時に判断できる力が身につくと、試合の主導権を握れるようになり結果にもつながってくるので、自然と自信がついてきます。

よく試合に勝つには技術が先かメンタルが先かという議論がありますが、これにお答えするのであれば、**技術とメンタルは互いに影響しあっていて、技術がメンタルを強くすることもあれば、メンタルが技術レベルを上げることもある。それを助けるのが判断力、というのが私の実感です。**

卓球の中で非常に重要な判断力、みなさんも一度、自分が試合の中でいろいろなことを判断していく能力を見直してみてはいかがでしょうか。

プレー中は、迷わずにできるだけ早く判断することを心がける

Mental strengthening method Table Tennis

Chapter3 04

切り替え法を見つける

メンタル強化において、気持ちを切り替えるというのも、なかなかむずかしい課題です。試合中、メンタルが崩れそうになった時、どうすれば気持ちを切り替えることができるのでしょう？

まず念頭に置きたいのが、**うまく切り替えられない自分を許してあげるくらいのほうがいい**ということです。

私は完璧主義で、自分で自分を追い詰めてしまうようなところがあったというお話はしましたね。試合の大事な場面でしてしまった1本のミスが許せず、それが気になって、うまく切り替えられないことがしばしばありました。

ミスを反省することは必要ですが、試合では状況が目まぐるしく変化するので、考え込んだり落ち込んだりしている暇はないのです。

では、気持ちをうまく切り替える良い方法はないのでしょうか？

いくら頭で「切り替えなくちゃ」と思っても、どうしても切り替えられない時って、あると思います。私も試合中にこんなことがありました。

短いサーブを出そうと思っているのにサーブがワンバウンドで台から出てしまう、「短くコントロールしなきゃ、相手に打たれてしまう」とずっと意識しているけどなかなかうまく出せない、意識すればするほど力が入ってしまいもっと長いサーブになってしまう……。このように意識すればするほどうまくいかなかったり、切り替えようとすればするほど空回りしてしまうことがありました。

こんな時は、「なかなかサーブがコントロールできないけど、仕方ない。短く出せず打たれるかもしれないけど、打たれたらそれを待ってカウンター攻撃していこう」というように、自分の目先を変える工夫をしていました。このように、何か自分なりの切り替え法を見つけることができるといいと思います。

からだの感覚でコントロール

頭で切り替えられなければ、からだで切り替えるというのもひとつの手です。

どういうことかと言いますと、**私はメンタルが崩れてきたなと思ったら、重心が浮いていないかどうかを意識して、自分がプレーしやすいからだの感覚を取り戻すようにしていました。**具体的には足の裏がしっかり地面に着いている感覚を確かめるのです。

2008年北京オリンピックでの団体初戦、オリンピック初出場ながら第1試合の一番手選手として試合をしました。相手チームは日本と比べると格下にあたるオーストラリアのチームでしたが、その第1ゲーム、サーブを出す時にボールをトスする私の左手は震えがずっと止まりませんでした。それまで数多くの国際大会を経験しましたが、こんなことは初めてだったので、とても驚いたのを覚えています。

とにかく早く震えが止まってくれとずっと思っていたのですが、なかなか止まってくれずむしろ震えは増していくばかり。この時はたと思いついて意識したのが、震えている左手を静止させることではなく、足の裏がしっかり地に着いているか、そしてトスをする時に足の裏から感覚をつないで足でトスを上げる、ということでした。自分の意識を向けるところを変え、**からだの感覚からメンタルをコントロール**していく一例です。

実際、私の場合、手だけでラケットをコントロールしようとするよりも、足の裏が地面に接しているからだの感覚を意識し、からだの重心が浮かないようにしたほうが動きがよくなりました。すると打球感が戻って、メンタルの切り替えにもつながっていきました。この感覚は練習の時から意識して自分のものにしていました。

これはほんの一例に過ぎませんが、みなさんもメンタルが崩れそうになった時、自分を立て直すことができる切り替え方法を見つけることをおすすめします。

オンとオフの切り替え

切り替えということに関しては、日頃の生活でのオンとオフの切り替えも大切になります。以前、同じミキハウス所属で柔道60キロ級オリンピック3連覇の偉業を達成された野《の》村忠宏《むらただひろ》さんとある講演でご一緒しました。その時に受けた「トップ選手になる人とそうでない人の違いは何ですか？」という質問に対して野村さんはこんなふうに答えていました。

「トップ選手はオンとオフの切り替えがうまい。やるときはしっかり集中してやる、休む時は休み、抜くところは抜く。トップ選手はこれがうまいのだと思う」。オンとオフの切り替えがうまくできなかった私には耳の痛い言葉でした。

私自身も現役時代を振り返ると、練習でうまくいかなかったり、負けが込んだ時に卓球から離れたり、オフの時間をつくろうと考えたこともありました。ただ実際につくってみてわかったことは、最終的に私の場合は、**卓球に関する根本的な問題が解消しなければ気持ちは晴れない**ということでした。

結局、オフの時間を心から楽しめていなかったのです。ですから現役の途中からはオフを無理矢理つくって気分転換することをあきらめて、下手にオフをつくるより練習をひたすらやって根本の問題を解決しようと割り切るようになりました。

でも今思えば、特に年齢を重ねベテランと呼ばれるようになったあたりでは、もっとオンとオフの切り替えができれば、良い結果を残せたのではないかと思ったりもします。

オフの時間（卓球から離れてる時間）も、オン（練習や試合の時間）で力を発揮するた

自分が進化していくためにはリラックスする時間も必要

めには必要な時間です。どうしても卓球をしている時間だけが成長につながると考えがちですが、**自分が進化していくためにはからだを休める休養や、リラックスする時間を設け、心のゆとりを持たなくてはなりません。**

プレーしている時のみならず日頃の生活でも、自分の心やからだのオンとオフの切り替えに意識を向けることにトライしてみてください。

Mental strengthening method Table Tennis

Chapter3

05

日頃の緊張感でメンタルは鍛えられる

メンタルを強くするには、専門的なトレーニングが必要なのでしょうか？

これも私のところによく寄せられる質問です。私は**「特別なトレーニングは、必ずしも必要とは言えない」**とお答えしています。

もちろん、メンタルトレーナーのような専門家からトレーニングを受けられれば、それに越したことはないのでしょう。知識はないより、あったほうがいいからです。

でも、そんな恵まれた環境にいる人はひと握りですし、そもそも私が思うのは、特別なことをして強くなろうと考える前に、**当たり前のことをいかにていねいにできているかを再確認するほうが先決**だということです。

ある程度の技術レベルになれば、強豪チームでもそれほどでもないチームでも、練習内容に大差はないように思います。差があるとすれば、**特別な練習をしているかどうかではなく、練習時の緊張感**ではないでしょうか。

試合では誰だって大なり小なり緊張し、練習ではできていたことも、できなくなってしまうものです。でも、普段から緊張感を持って練習していれば、その落差は縮められるはずです。

練習メニューにおいても、何のためにやっているかを理解している人と、そうでない人とでは試合で差が出るはずです。

理解して練習している人は一球一球考えながら打つのに対し、そうでない人は「今のボールは入った」とか「気持ち良く打てた」とか目の前のことばかり気にして、練習のための練習になる傾向があるからです。

緊張感を生み出す練習

たとえばサーブ練習の時、ひとりで黙々と打っている時とレシーブする相手がいる時とでは感覚が違いますよね。相手の存在に圧迫され、それまでいいイメージでかかっていた回転がかかりにくくなったり、ミスが増えたりすることがあると思います。

この圧迫される感じがいわゆる緊張感で、**試合に近い緊張感を持って練習できていれば、試合本番の緊張を最小限に抑えることができ、また試合で急に緊張を感じても早く慣れて対応していくことができる**のです。

緊張感のある練習環境は選手一人ひとりの心がけもありますが、指導する側がつくってあげる必要もあります。

割れたボールを台に置いてコースを狙うメニューや、ミスをせず何球続けられるかという練習などもありますし、普通の練習ではなかなか緊張感が保てないという選手には、こまめにゲーム形式での練習を入れるのもひとつの手かもしれません。

これらもすべて、私が実際にしていた練習ですが、他にも格下の選手にハンデをつけて試合をするというゲームもしました。

相手のレベルに応じてハンデを2本、3本、4本と変えていくのですが、対戦相手のレベルが低くても、これだけハンデがあれば緊張感は通常の倍以上になります。練習の中で、何球続けることができなかったらお昼ご飯抜きとか、何試合勝てなかったら練習が終わらないとか、そういったかたちで**自分にプレッシャーをかけて練習に取り組んでいた**

こともあります。

あとは、その日の練習は、その日のうちにやり切るつもりで取り組む意識を持つこと。練習は制限がないように見えますが、たとえば「こういうボールを打てるようにする」とある程度テーマを決めたら、「いつまでにできるようになる」と**期限を設定することで自然と緊張感が生まれます。**

少なくとも私は日々、**「昨日の自分を超える」**という意気込みで練習をしていたので、他の選手と比べても緊張感は人一倍あったと思います。ただそのぶん、練習でも試合でも柔軟性はありませんでしたが、練習試合ですら絶対に負けないという強い気持ちで、つねに公式試合と同じくらいの緊張感を持って練習していた自負はあります。

そのおかげでしょうか。試合では練習の時よりも力が落ちる選手が多い中、私はあまり落ちなかったので、**「平野は試合のほうが強く見える」**と言われたこともありました。

意識の持ち方や緊張感と向き合うことで、たとえ特別なトレーニングをしなくても、メンタルは少しずつ強くできると考えています。

Mental strengthening method Table Tennis

Chapter3 06

練習ではミスを怖がらない

『練習』は2つの性格を持っていると思います。

前項では、試合のような緊張感を持って練習に取り組むと述べましたが、その一方で**練習ではいくらミスをしても許される**という視点も忘れてはいけません。

これは女子選手によくある傾向ですが、練習であってもミスを怖がる、またミスが出ることを嫌がる選手がいます。実は、私もそのひとりでした。なにしろ根が完璧主義ですから、たとえ練習でもミスをする自分が許せなかったのです。

でも、新しい技術や戦術を身につけようと思えば、初めからうまくできるわけがありません。できないのだからミスをしても当たり前、という気持ちで取り組まなければ、その時点での自分を超えることはできません。進化していくためには、ミスを割り切る気持ちも必要なのです。

すべての練習には意味があります。何のための練習か、練習の目的が明確になっていればこそ、ミスを怖がってはいけません。**新しい技術を身につけるために必要なミスもあり、それを受け入れることができる強さも必要なのです。**

自分の強みを持つ

また、日頃の練習では、試合の中で自分がピンチに追い込まれた時に何をするか？ どういったことに気をつけるか？ ということも、イメージしておくことが大切です。私は小さい時から、「ゲームオールのギリギリの勝負で勝つ準備をして試合に臨め」と言われました。

競った場面や苦しい場面でどうするか？ というイメージを頭に置いておくことが重要です。人間、何事も初めての経験には動揺しますし、うまく対処できないことが多いですよね。

試合本番で良いプレーをするためには、練習の中でいかに試合の勝敗を分ける場面をイメージして練習できるかでしょう。

この場面で自分はどんなことに注意するのか？　どのようにすれば緊張が和らぐのか？　**どんなことをすれば、自分が強い気持ちになれるのかをイメージし、探すことが練習の本質**だと思います。

そしてもうひとつ、試合の重要なポイントで心の支えになるものがあるといいでしょう。困ったらこれで勝負するという技でもいいですし、練習をたくさんやり込んだから大丈夫という自信でもいいと思います。

ちなみに私はと言うと、練習の時から絶対あきらめずボールに食らいつき、必ず魂を込めて打つことを心がけていました。それがピンチに追い込まれた時に発揮できる、粘り強い卓球につながったと思います。

自分にはこれがある！　という強みを何かひとつ持つことで、ピンチの時でも落ち着いて対応しやすくなるのだと思います。

Chapter3
07

試合前の準備とメンタルコントロール

いよいよ大会が近づいてきたという時、良いメンタルの状態で本番を迎えるには、どんな準備をすればいいのでしょう？

練習メニューで言えば、私はやはりゲーム練習をたくさんしました。

たとえば、大きな試合だと全日本選手権。1カ月くらい前に組み合わせがわかるので、組み合わせが出た段階から、自分の技術を高める練習と、勝ち上がってきそうな選手をイメージした対策練習に取り組みます。その後、試合が近づくにつれて徐々に対戦相手を想定したゲーム練習を増やしていきます。試合に近い雰囲気で緊張感を持って練習するためです。

ただし、対策に絶対はありません。繰り返しになりますが、対人競技では相手の調子もありますし、戦術を変えてくる場合もありますので、こちらがいくら完璧に対策しようとしても、どだい無理のある話なのです。

また自分が目指す結果、たとえば優勝したいのか、ベスト8入りを目指すのかによって、対戦相手の中でもポイントとなる選手は変わってくるでしょう。対戦が予想されるすべての選手に対して完璧な対策練習はできませんが、自分自身が苦手と感じていたり、手強いと思う対戦相手を見つけて、その選手のことを重点的に分析し、対策練習をするのが効率的でしょう。

試合の対策は早いに越したことはなく、早めに準備をしておけば気持ちに余裕が生まれ、メンタルを良い状態にすることができます。

その時に気をつけたいのが、ポイントになる選手以外も決して軽視しないこと。勝負では何が起きるかわかりません。時として予想外の選手が勝ち上がってくるなんてこともあるのです。

時々、上位の選手にあるのが、勝ち進んだ先のことを考えすぎて、初戦で格下相手に負けるケースです。

特にシード選手は予選から勝ち上がってきた選手と初戦で戦うことになりますから、まだ会場の雰囲気に慣れず試合感をつかめないまま、相手の勢いにのまれ、ぽろっと負けてしまうことがあります。

試合になれば何が起こるかわからないという危機感をつねに持ち、目の前の一試合そして一球に集中し、油断は禁物と肝に銘じるべきだと思います。

感情のバロメーター

私自身の試合前はと言いますと、全日本選手権や世界大会の大きな試合の1、2週間前、決まって練習場で大泣きをしていました。

その原因のほとんどは、試合に向けて気持ちが高まり、思うようにいかない、調子が上がらないという焦りからくるものだったように思います。いい大人になって大泣きなんて恥ずかしい……といつも思っていましたが、自分でも抑えきれない感情が爆発してしまうのです。

当時、試合前に泣き出す私を見てミキハウスの監督やコーチは、「やっと平野に泣きが入った。これで安心だ」と話していたようです。試合前の「泣きの平野」は一種のバロメーターのようなもので、ここから試合に向けて気持ちや状態が上がっていくということを監督やコーチは知っていたのです。時にはこの「泣きの平野」がなく試合前に好調が続いた時は、逆に試合本番は良い試合ができないのではないかと心配されるぐらいでした。

私のような感情の発散の仕方は決しておすすめしませんが、時には**自分の感情を練習の中で表に出すということも必要**かもしれません。

本物の一流選手というのは、試合前でも感情をつねに自分自身でコントロールできるのかもしれません。私自身は、そこまで感情をコントロールできなかったので、まわりで支えてくださった監督やコーチに、メンタルをコントロールしてもらっていた部分があったと思います。

さあ、大会前の準備が整ったら、いよいよ試合本番です。実戦におけるさまざまなプレーや場面で、どのようにメンタルをコントロールすればいいのか。次の第4章ではそれぞれシチュエーション別に具体的な方法を説明していきましょう。

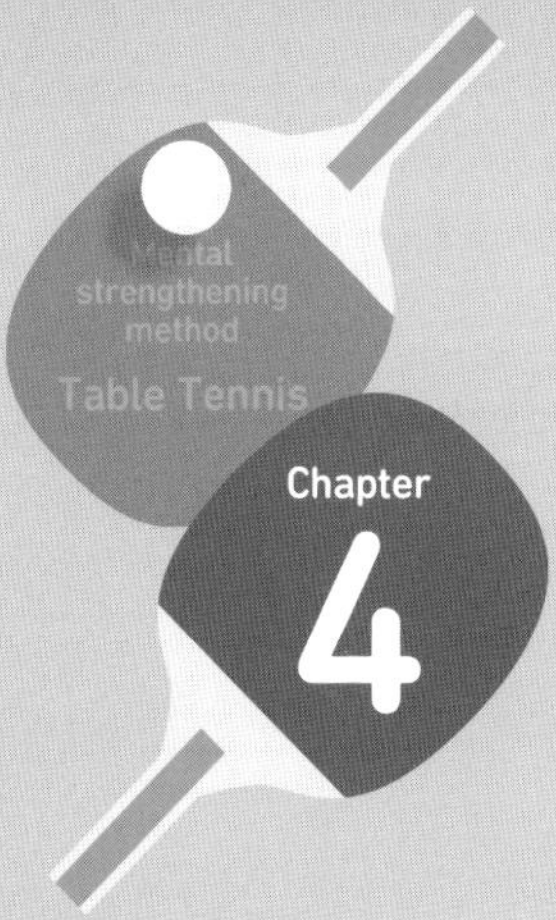

各プレーと場面で意識するメンタル

さあ、それでは試合本番です。卓球はボールを打ちあっていない時間が 8 割の競技。さまざまな場面で相手は何を考え、自分は何に集中するべきか。これまで乗り越えてきた実戦を踏まえて、各プレーや場面を例にあげて解説していきます。

Mental strengthening method

Table Tennis

Chapter4

01

サーブ時

サーブは試合における最初の攻撃チャンスと言えます。ただ、一方的に出せばいいというものではありません。卓球は相手がいる対人競技のため、必ず相手を見て、どこにどのサーブを出すかを決めるのです。

メンタルの状態で言うと「相手を感じる余裕」を持つことです。サーブの時の意識の持ち方として、注意すべきポイントをいくつかあげてみましょう。

（1）相手の構える位置を確認する

サーブの構えをしながら、相手がどこに構えているかを確認します。「少し前に構えているな」とか、「さっきよりフォア側（あるいはバック側）に動いているな」など。

時々、相手を見ずにサーブを出すことだけに一生懸命になっている選手を見かけますが、それでは「自分本位のサーブ」であって、「相手に対して効果的なサーブ」かどうかというと、少し疑問を感じます。

(2) 相手が取りにくいサーブを出す

効果的なサーブとは、自分が打ちやすいサーブではなく、相手が取りにくいサーブです。サーブには多種多様な回転があり、コースも左右や長短などさまざまです。その中からたとえば、「相手があそこに構えているということは、このコースに出せば相手を大きく動かせるな」とか「この回転を出せば、次の攻撃につながりそうだ」などと予測し、サーブの種類を選んでいきます。

また、ひとつのサーブに対して、ボールをどのような打法で相手が返球するかなどのクセを見ながら、回転なども変化させていきます。サーブを出すコースに加え、回転の種類、回転の量、速さ、などを組み合わせていくのです。

相手が取りにくい、という視点からであれば、サーブを出す時のモーションやフォロースルーなども重要です。どんなサーブを打つか、わかりにくいと思わせる方法もひとつだと思います。

(3) 相手の読みを外す

自分が相手のレシーブを読もうとしているように、相手もこちらのサーブを読もうとしています。相手の読みが当たって狙い打ちされると、よく「待たれた」という言い方をしますが、まさに相手が待っているのと違うサーブを出せるかが、相手を崩す鍵を握ります。

その一方で、あえて相手の待っているところにサーブを出す場合もあります。これは戦術のひとつで、「このコースにこんな回転のサーブを出せば、相手はおそらくこんなレシーブを返してくるだろう」と予測できる時は、次の3球目の攻撃につなげるため、あえて相手が待っている場所にサーブを出すこともあります。

相手が待っていたとしても必ずしも良いレシーブが返ってくるとは限らないので、相手の技量を図りながら、自分の出すサーブも選択していく必要があります。

(4) 相手の気配を感じる

相手の構える位置に加え、**相手の構えそのものや雰囲気を感じとる**ことも大切です。サーブのトスを投げ上げている間に相手が動く場合もあるので、サーブを出す瞬間まで相手を凝視することは不可能とはいえ、相手を感じることを忘れてはいけません。

どのサーブを出すかを決めてトスを上げた瞬間、もし相手が回り込んだのを気配で察知したとすれば、打球するまでの間でサーブの種類を瞬時に変えることもできます。

これはとてもむずかしい技術ですが、トップ選手の中にはこういった打球直前での変更をする選手もいます。レベルを上げていく中で、みなさんもトライしてみてもいいかもしれません。

Mental strengthening method Table Tennis
Chapter4
02

レシーブを返す

レシーブでは相手のサーブを予測します。構えてからレシーブするまでの一連の動作としては、サーブが出る瞬間、つまりボールがラケットに当たる瞬間に集中し、私の場合だとそのタイミングで動き出すという感じでした。

ただし、あまりにも集中しすぎてしまうと、力《りき》みが出たり、動き出しが遅れたりします。

特にもともと力が入りやすい私は、**「意識を飛ばす」**ことを心がけていました。

(1) 意識を飛ばす

これはたとえば、相手のサーブが「フォア前にきそうだな」と思い、サーブが飛んでくる時までずっと意識し続けるのではなく「フォア前にきそうだな」と思っても、**構える瞬間は一旦それを忘れるかのように意識の外に置き、ニュートラルに構えるイメージ**です。

逆に「フォア前にサーブがくる」と意識を集中させてイメージを持ち続けることで良いレシーブができる選手もいると思います。意識を飛ばすというのは、**自分はつい力が入ってレシーブミスをしやすいという人、または相手のサーブは読んでいるのに良いレシーブが返せないという人に効果のある方法**だと思います。

(2) 必ずしも一発で決めなくてもいい

状況によってはレシーブ1本でポイントを狙うこともありますが、基本的に私は一発で決めるよりも、ミスを減らし、相手の攻撃を防ぎ、自分の次のプレーにつながるレシーブを心がけていました。

なぜかと言えば、そもそも卓球の技術の中で、**一番むずかしい技術がレシーブ**だと思うからです。卓球のプレーの中で唯一、自由自在にコントロールできる技術がサーブです。すべてをコントロールできる相手のサーブに対して、こちらも思いどおりのレシーブをすることはむずかしいのではないかと思います。

だからこそ私は、**レシーブから一発で決める、点数を取るということよりも、ミスを減らし、相手の優位なかたちにならないよう工夫**していました。

ただし、今の時代の卓球の傾向はと言うと、チキータという台上での攻撃的な技が進化したり、ボールがプラスチックボールになりサーブの回転量が減ったりしたことから、レシーブから一発で決めるプレーも増えてきています。特に男子選手はこのチキータを武器にレシーブエースを重ねる選手もいます。

このようなことから、レシーブで攻撃力を高めることはもちろん必要ですが、元々は相手が主導権を握っているサーブに対してレシーブする、むずかしい技術だということを頭に置いてもらいたいと思います。

(3) 相手の心理を読み予測する

たとえば試合で、相手の長いサーブがきた時、レシーブで狙い撃ちできたとします。そうした場合、次のサーブは短いサーブがくるケースが多くなります。心理的に、狙い撃ちをされて、もう一度長いサーブを出すにはかなりの勇気がいるからです。

そういった流れの中でのサーブの組み合わせパターンを、相手の心理を分析しながら読んでいくことが必要になります。もちろん、いつもセオリーどおりに行くとは限りませんので、相

サーブとレシーブでは相手とメンタルの駆け引きが行われる

手もこちらの逆をついて「もう1本長いサーブで勝負だ！」ということもあるでしょう。

通常、強打されるリスクの高いロングサーブを立て続けに出すことはあまりしませんが、その分相手の不意を突くことができるので、大事な局面で勇気を出して打ったロングサーブが決まり、試合の流れがガラリと変わるなんてこともあります。

このように試合の中で、前のプレーを分析しながら相手の心理を読み、表情などを観察しながら次のサーブを予測することも重要になります。

(4) サーブの習慣を読む

サーブには得手不得手があります。また

サーブが得意な選手であってもクセはあるものです。サーブを読むにはこのクセ、つまり習慣を把握できると、だいぶラクにレシーブできるようになります。

相手はどの種類のサーブが得意で、どんなポイントの時に使ってくるのか。それがある程度わかれば、かなりレシーブがしやすくなります。特にサーブに関しては、選手によって特徴が表れる技術なので事前に情報を収集することも大切でしょう。

サーブとレシーブでは、まさに相手とのメンタルの駆け引きがあり、サーブミスやレシーブミスが出た場面では試合の流れが大きく変わります。心理面が大きく左右する技術なので、日頃から意識を高く持ち、相手に目を向けることを忘れずに取り組みましょう！

Mental strengthening method Table Tennis

Chapter4

03

ラリー中

ラリー中は、サーブやレシーブのように1球1球考えて打つというよりも、基本的に「からだの反応」「瞬時の判断」が多くを占めていると思います。

もちろん何も考えずに打っているわけではありません。たとえばサーブを出した後の3球目や5球目くらいは予測に基づき、「相手のバック側に集めよう」とか「こんなボールで攻めよう」などと考えています。

ただ、それも相手の返球次第で、こちらがどういう球を打つかが変わりますし、サーブで相手を崩すことができれば、当然3球目攻撃は変わってきます。

したがって、ラリー中は頭で考えているというより、自分の打球や戦術を「意識」しながら、反射的に打っているという感覚です。そもそも、わずか3メートル程度の至近距離ですばやい打ち合いをしているのに、いちいち頭で考えていては対応が遅れてしまいます。

そうかと言って好きな球を好きなタイミングでパンパン打っている選手は、上級になればなるほどいないと思います。もちろんからだの反応や反射から自然に手が出て、ただ返すだけになってしまったということはあっても、何も意識を持たず、コースも狙わずボールを打つということはほとんどはありません。

もし、そこまでのレベルに達していないと思うのであれば、全部ではなくポイントを絞って、自分の打球や戦術を「意識」してみましょう。「チャンスボールを強打する時に相手の位置を見てみよう」とか、球種をある程度特定して、「このボールに対してはこのコースに、こんなボールで返そう」「ツッツキは相手のフォア側狙いで返してみよう」などというふうに実践するといいでしょう。

そうやって、場面ごとに対応できるようになり、**自分の優位なかたちがつくれるようになれば、意識の持ち方は徐々に変わってくる**と思います。

また、今の時代の卓球は、ラリーの回数も以前に比べて増えてきています。卓球という競技はシンプルに考えれば、**相手より1球多く返せば勝てるスポーツ**でもあります。

私の記憶に残っているのは、2001年に大阪で開催された世界選手権の男子団体戦準決勝、中国対韓国戦のラスト、劉国正《リュウグオジョン》対金擇洙《キムテクス》の試合です。卓球界の歴史に残る名勝負になりました。この試合でチームの勝敗が決まるといった場面で追い込まれた劉国正は、ミスを減らしなんとか粘り切る、しぶとく返すといった戦いをして大接戦を制しました。チームの勝利のための執念を感じた一戦でした。

このように、時としてラリーの中では我慢比べになりますが、**気持ちを切らさず、ボールが床に落ちるまで集中力を高め続けることが必要**だと思います。

Mental strengthening method

Table Tennis

Chapter4

04

得点を決めた後

失点や得点した後も、その1本をあまり長く引きずっていてはいけません。**前のポイントに執着しすぎると、どうしても次の準備が遅れる**からです。メンタルの持って行き方としては一喜一憂せず、できるだけ早く切り替えるようにしたいものです。

気持ちの面で一喜一憂しすぎるのはよくありませんが、パフォーマンスとして喜びを表現することはあります。喜びを表現することで自分の気持ちも高まり、会場の観客の応援も増して後押ししてくれたということもあります。

大きな大会で上位に勝ち進むと、スタンドに詰めかけた大勢の観客が自分の試合に注目し応援してくれます。その時、自分の所属チームや家族、友人といった身内以外にも、自分のことを応援してくれる人がひとりでも多くいたらいいと思いませんか？

試合を終えた選手がよく、勝利者インタビューで、「みなさんの応援が力になりました」なんて言いますが、あれは本当です。応援してくれる人が多ければ多いほど選手は背中を押され、良いパフォーマンスが発揮できるものです。チームのホームゲームのほうがアウェイ戦よりも戦いやすいというのも同じ理由だと思います。

空気を変えたガッツポーズ

たとえば私は、得点した時の声の出し方やガッツポーズを対戦相手や状況によって使い分けることがありました。忘れもしない、２０１４年の世界選手権団体戦東京大会。男子が１回戦でギリシャに負けて、嫌な雰囲気のまま女子の出番が来ました。

私自身、大会を迎える前の１年ぐらいは状態も成績も良くない時期でした。正直あまり自信がなかったので、今回は落ち着いて静かに冷静に戦おうと心の中でイメージしていました。しかし「今の状況は会場の雰囲気をガラッと変えなければいけない」と感じ、一番手で出場した私は、第１ゲームの１本目から得点を奪い、声を出してガッツポーズをしました。

意識的に声を出しガッツポーズを重ねる中で、会場の雰囲気がどんどん変わり、観客もチームも盛り上がって、自分の調子もどんどん上がっていったのです。「やはりここはしっかりと声を出していって正解だったな」と思いました。

言うまでもなく、相手を威嚇《いかく》したり挑発したりするような言動はルール違反になります。声を出すのもガッツポーズも、あくまでも自分やチームを鼓舞するため。

声を出すことやガッツポーズをすることだけに限りませんが、そういう気迫あふれる選手の姿は観客の心を奪い、さっきまで自分のことを知らなかった人でさえも、強力な応援者に変えることができると私は思います。

ガッツポーズで喜びを表現し、自分の気持ちを高めていく

Mental strengthening method
Table Tennis

Chapter4

05

ミスをした時

1本のミスにも、いろいろなミスがあります。サーブ・レシーブのミスやラリーのミス、チャンスボールのミスなんていうのもありますね。

ミスした時のメンタルを考える前にまずみなさんに振り返ってもらいたいのは、いったい何が原因でそのミスにつながってしまったのか、ということです。

それが単発的なものか連続的なものか、あるいはどういった場面でのミスなのか。仕方のないミスなのか、それとも致命的なミスなのかによって違ってきます。それによって、メンタルの考え方も変わってきます。

たとえば、相手がファインプレーをしたとか、ネットインのボールやエッジボールを返せなかったなどは、あまり気にしなくていいミスですね。よく相手のネットやエッジのラッキーボールに対して、「今日はついていない」「なんでこの場面で……」などと、必要以上に考えたり、いじけたりする選手がいますが、試合の最中にそんなことを考えても意味がありません。

自分自身ではコントロールできないラッキーボール1球に執着するぐらいなら、次の1球で何をするかに意識を持っていくべきです。悔しい気持ちは十分わかりますが、自分の力でどうにもできないことには執着しすぎないほうがいいでしょう。

一方、チャンスボールをミスしてしまったり、サーブやレシーブなどでいわゆる凡ミスをした場合などは、試合の流れがガラリと変わりやすい1本と言えます。こんな時、私は**自分の気持ちを落ち着けるために間合いを取ることを意識していました。**

タオル休憩できるポイントの時はタオルを使ってみたり、タオル休憩が取れないポイントでは台の角で手をふいたり、いつもよりゆっくりボールを拾いに行ってみる、ということもしていました。ルール上問題のない範囲で時間をつくり、自分の気持ちを落ち着かせる。そして、状況と戦術を整理するよう努めていたのです。

過去の1球に執着しない

また、試合の中では連続失点をしてしまう場面もありますね。精神的には一番動揺してしまう場面かと思います。連続失点する時は失点を重ねる前に何か変化があることが多いです。

自分が凡ミスをしてしまった。相手のファインプレーがあった。相手もしくは自分が戦術を変えたなど、それまでと何か変わった1球または戦術変更があった可能性があります。いろいろな状況から、流れが変わってしまった可能性が高いということです。

この連続失点に対しても先ほどの繰り返しになりますが、まずは落ち着いて少し間合いを取り、そのうえで今の状況をできるだけ冷静に分析します。相手や自分に心理的な変化があったのか？　自分のやっていること、戦術は正しいのか？　プレー全体が早くなっていないか？

特に失点が続いている時は、プレー全体が早く進行し、打ちにいくのが早くなり、タイミングが合わなくなっている選手が多いので注意が必要です。

そして、ここでひとつ意識してもらいたいのは、**反省や分析はしても過去の1球に執着しすぎてはいけない**ということです。

「あの時こうすればよかった」「あんなミスをしなければ……」などと考えてしまいがちですが、試合の最後の1球が終わるまで自分の気持ちを途切らすことなく、次のプレーに意識を向けることが大切です。

自分がしてしまったミスの中には、自分の技術力がなくミスすることもたくさんあるでしょう。自分の実力や技術が足りなくてしてしまうミス、これはある程度仕方のないミスだと私は思います。一旦試合が終われば、次の試合に向けてその部分の強化をしていくわけですが、試合中はそのミスを減らす方法はないのか、また違うプレーでカバーする方法はないのかを工夫し、探し続けることです。

「バックハンドで入らなければフォアハンドで対応できるかもしれない」「いつもならコーナーぎりぎりを狙うけど少し浅めを狙ってみよう」「いつもとは少し違う角度をつけて打ってみよう」と、試合の中でできる工夫は全部挑戦してみるべきです。このように、ミスをしても前向きな気持ちで、次の1球に対して向き合っていかなければなりません。

みなさんには日頃の練習で、1球のミスに対してすばやく分析をし、**今の状況から見**

て何を改善し、次にどんなプレーをしなければいけないのかを、自分自身でまとめるということをぜひ訓練していただきたいと思います。

卓球という競技は、試合がとても早く進んでいくので、自分の頭の中で整理するスピードの早さも必要になってきます。それと同時に自分の気持ちを整理し切り替える早さも重要です。それを踏まえると、試合中ひとつのミスをずっと悔しがっている時間はないことがわかりますよね。

Mental strengthening method
Table Tennis

Chapter4
06

タイムアウト

タイムアウトはおもに試合の流れを変えたい場面で取ります。

つまり、そこまでの良くない流れを断ち切るのが目的ですが、自分の気持ちとからだの感覚は途切れさせてはいけません。

試合中、心とからだのエンジンはつねにオン。多少ゆるめることはいいと思いますが、気を抜いてオフにしてはいけません。

タイムアウトの時間は、1試合最高で1分間です。タイムアウトを取った選手が1分未満で試合を再開することもできるので、そのあたりの準備も必要になります。

「タイムアウトの時、ベンチコーチと何を話しているの?」と、よく興味を持たれますが、今の状況をコーチと整理したり戦術の変更に関することを話したり、少し気持ちを落ち着

タイムアウトを有効に使い、気持ちを整理し試合の流れを変えていく

かせる小休止の意味だったり、大事な局面を前に戦術の確認をしたり、使い方はいろいろです。時には前のテーマで述べた「間合いを取るため」だけに使うなんてこともあります。

自分の気持ちを整理する時間

選手によってもタイムアウトの使い方は人それぞれだと思います。ちなみに私の場合、自分の話を聞いてもらいたい、自分の中の疑問点を解決したいという希望があったので、考えていることが合っているのかいないのか、ベンチコーチと答え合わせをする確認作業をする時間でもありました。

「この戦術はどうですか?」「次はこうし

たいんですけど、どう思いますか？」「相手は次にこのサーブでくると思いますがどう思いますか？」という具合に、自分が不安に思っていることを解消する作業をしていたのです。

もちろん試合中は頭が真っ白になることもあります。そんな時はベンチに入っているコーチのアドバイスのもと、自分の戦術と気持ちを整理するよう努めていました。


また、タイムアウト明けは「変化」に注意しましょう。こちらが主導権を握っている場合、タイムアウトの次の1本は相手がそれまでのやり方を変えてくることが多いので、想定外のことが起こりやすく、試合の流れが変わる可能性が高いからです。

したがって、相手が取ったタイムアウトでは、相手の戦術の変更を予測し準備することで、たとえ次の1本を取られたとしても、大きく動揺せず徐々に対応することができるのではないかと思います。

Mental strengthening method Table Tennis

Chapter4 07

試合後

試合後はゲームを振り返って反省したり、内容を分析したりします。そのタイミングは人によってそれぞれでいいと思います。

ただ私の経験上、試合が終わってすぐのタイミングでその試合を深く掘り下げて、反省することはあまりおすすめしません。なぜならば、勝ったとしても負けてしまったとしても、**試合直後は誰もが冷静ではない**と思うからです。

特に負けた試合の直後は負けた悔しさと後悔があり、私もよく涙を流したものです。そんなメンタルの乱れた状態で正しい分析はできませんでした。

そういった理由から私の場合は、連続で試合がない時は、試合が終わった翌日以降ゆっくりと落ち着いて冷静になってから反省するようにしていました。

もし、次の試合がすぐ後に控えているのなら、あくまでも軽く、ポイントを押さえて反省をしましょう。そこで出た反省点は、技術的な問題であれば次の試合までの練習時間で見直すこともできますし、戦術面であれば次の試合で同じ失敗をすることを防げるかもしれません。不安な点を確認し多少なりとも改善できれば、少し安心できたりメンタルを切り替えることもできるでしょう。

失敗を繰り返さないために

試合が翌日以降にある場合は、もう少し細かな反省と分析をします。そして大会が終わると、いよいよ本格的な反省と分析にとりかかります。私はあまり過去を振り返らないタイプの人間ですが、それと反省とは別です。技術や戦術と一緒に試合中のメンタル部分も思い出し、どんな場面で、なぜそうなったのか、を深く掘り下げていきます。

この作業にはとても時間と労力がかかります。何しろメンタルは目に見えにくいものですし、ましてや負けた試合を振り返るのは精神的に苦しいものです。

ですが、本当にメンタルを強くしたいと思ったら、深く掘り下げて反省と分析をすることは欠かせません。この作業を怠るとそれ以降、同じ失敗を繰り返すことになります。

試合直後は勝っても負けても感情が高ぶっているため、冷静ではない

掘り下げて反省する場合は、その時の状況を思い出すだけでなく、試合の映像をビデオに撮り、映像を見ながら反省することをおすすめします。

自分の動作や表情などを観察すると、どんな場面で弱気になっているのか、逆にどんな時は強い気持ちで戦えているかなど、試合でのメンタルの傾向が見えてくるはずです。

チームづくりに必要なメンタル

卓球には、「シングルス」の他に「ダブルス」「団体戦」もあります。人数が増える分、人それぞれの思考が絡み合い、より複雑になるものです。第5章ではチームが結束して戦うために必要なメンタルのポイントをピックアップ。「シングルス」にも活きてくるチームへの関わり方も紹介します。

Mental strengthening method
Table Tennis
Chapter5
01

ダブルスの関係づくり

同じ卓球でも、ダブルスとシングルスとではルールや戦い方が違うように、注意する点、意識する点が少し違ってきます。

ダブルスはペアを組むパートナーと相手ペア２人の計４人で行うため、シングルスより複雑になります。

ダブルスでは、**自分が自信をなくして弱気になるとパートナーにもそれが伝わることがありますし、時には意見が合わない**ということもあるでしょう。そうならないためにも、試合で勝てるダブルスペアになるには何が必要なのか、私の経験を踏まえたうえでの大切なポイントをあげてみたいと思います。

（1）パートナーとの相性

ダブルスではパートナーとのコンビネーションがとても重要で、技術レベルやプレースタイルはもちろん、試合に対する考え方やそれぞれの性格などもペアの関係性に大きく影響してきます。

よくダブルスは「1＋1＝2」ではなく、「3」にも「4」にもなるのが良いペアと言われ、試合でも力を発揮します。

私も現役時代、いろいろなタイプの選手とダブルスを組んできました。他の選手に比べると、おそらくペアを組んだパートナーの数は相当多かったと思います。その中にはもちろん、組みやすいと感じるパートナーとプレースタイル的に合わないかもしれないと感じるパートナーもいました。

いろいろなタイプの選手とダブルスを組むことを経験したことで、「どんなパートナーとでもうまくいくようにするためには、何を意識しなければいけないか」ということが、わかったような気がします。

私がダブルスで一番意識していたこと、それは**「自分がどんなプレーをすれば、パートナーの良さを最大限に引き出せるか」「どういった戦術が相手ペアにとってやりにくく、また私たち2人の良さを出していけるか」**ということです。

このようなことを、たとえパートナーが誰であってもつねに考え、それが試合に勝つことにつながると信じていました。

ダブルスについて考える時は、まず自分の卓球スタイルを分析します。私自身はというと、他のプレーヤーに比べ、一発で決める決定力に欠ける選手でした。ですから、ダブルスの中ではいわゆるゲームメイクやコース取りを意識し、チャンスをつくるほうが得意でした。しかし、パートナーの中には自分と同じタイプの選手もいます。

時には自分が決めに行かなければいけない場合もあって、そういう時は本来得意でない決め役にまわることもありました。

つまりダブルスでは、**対戦相手だけではなく自分とパートナーの分析も必要で、それができたうえで、勝つためにそれぞれが何をするかの役割分担を決めていく**わけです。これを理解できて、はじめてよいメンタルの状況で試合ができるのだと思います。

万が一パートナーとの相性が悪かったとしても、自分たちが一番力を発揮できる戦い方を探し、試合に勝つためにそれぞれが何をしなければいけないかを必死に考えていけば、おのずと道は開けていくと私は思います。

(2) 意見が合わない時

第1章で「思いどおりにいかなくて当たり前」というお話をしましたが、自分も含めて4人で行うダブルスは、**より思いどおりにいかない**と考えたほうがいいでしょう。

ダブルスで結果を残したいと思えば、まずはパートナーと良好な関係を築けるよう努めましょう。パートナーとの関係がぎくしゃくしていては、強いペアになることはむずかしいと思います。

そうは言っても、時には意見が合わないこともありますよね。そんな時は、どうすればいいのでしょうか。

私が一番大切にしていたことは、日々の練習の中での話し合いです。もっと言うと、練習の時だけではなく、普段の生活でもコミュニケーションをたくさんとるようにしていました。

ダブルスで勝つためには、ペアが一心同体になるつもりで結束しなくてはなりません。

練習時から自分の意志や意見を伝え合って、そのうえでお互いがパートナーに

譲るところや寄り添うところを見つけていくのです。

試合でパートナーと意見が分かれるのは困りますが、練習で多少ぶつかり合うのは一向にかまわないと思います。


しかしながら、言うは易し行うは難しで、はじめから気が合うとか、気心知れた仲ならまだしも、そうでない相手とはなかなかむずかしく、意思疎通を図るのに時間がかかるものです。まずはお互いの性格や好き嫌い、得手不得手などを知るところからスタートし、話し合いを重ね、最終的には勝つためのスタイルを選択していくことだと思います。

その際、学年の上下や多少の技術レベルの差を気にして遠慮したり、逆に威圧的になったりするのはよくありません。


また非常に重要なことは、**自分がやりたいことと、勝つためにしなければならないプレーは違うということ**です。あくまでも目的は試合で勝つことですから、その共通認識をしっかり持ち、勝つために一番いい方法にフォーカスして、2人の特徴を最も生かせるかたちをつくり上げていきましょう。

もし万が一、うまく話し合いができなければ、監督やコーチが間に入って、うまくいく

ダブルスはパートナーと意志の疎通を図り、寄り添うところを見つけていく

よう取り持つという方法もあるかと思います。ただやはり、2人が自ら協力して良いペアになっていくのが理想的です。

ダブルスは、パートナーがいるおかげでシングルスではできないプレーができたり、ペアで達成する喜びを味わえたりする醍醐味があります。

また、時には**ダブルスでのプレーがヒントになり、シングルスにも良い影響を与える**と思います。私もダブルスでの経験がシングルに生きたということを何度も経験しました。

ダブルスを組んでくれるパートナーに感謝の気持ちを忘れず、2人だからこそできるプレーをつくり上げていってもらいたいと思います。

Mental strengthening method Table Tennis

Chapter5
02

団体戦で意識すること

団体戦にはレギュラー（試合に出場する選手）とリザーブ（レギュラー選手にアクシデントがあった場合の控え選手）、そしてベンチに座ることができない応援にまわる選手がいるでしょう。

団体戦にもシステムがいくつかあって、現行のルールではたとえばオリンピックだとレギュラー3人、リザーブ1人で、試合に出るのはレギュラーの3人。シングルス2本、ダブルス1本の計3本先取で勝利を競います。ちなみにリザーブの選手はベンチにも入れません。

一方、世界選手権になると、シングルスのみ5回のシングルスで行われ、5人のレギュラー全員がベンチに入ります。実際試合をする選手は3人、1戦（1団体）ごとにオーダーが入れ替わります。

そんな団体戦において勝てるチームになるには、レギュラー選手と試合に出ることのできない選手との間の隔たりをなくし、チームの結束力を生むことが欠かせません。レギュラーになれなかった選手のモチベーションが鍵を握ると言えるでしょう。

では、どうすれば立場の違う選手たちの気持ちをひとつにし、チームの士気を高めることができるのでしょうか？

(1) 試合に出ない選手のモチベーション

私は学生時代も社会人になってからも、レギュラーとして試合に出ることがほとんどでした。その中でいつも感じていたのは、**試合に出場できない選手がどんな思いやモチベーションでレギュラー選手の試合を見て応援しているか、また日頃の練習に取り組んでいるか**ということです。

選手なら誰だって試合に出たいわけですから、サポート役に徹するのは心中穏やかではないはずです。でも、自らの役目を理解し、裏方としてチームに貢献し、仲間の試合を応援するというチームにならなければなりません。

そこで大切になるのは、彼ら、彼女らのことを監督やコーチなどの指導者やレギュラーの選手が、ちゃんと気にかけ評価しているかどうか。また、レギュラー選手たちがそのサポートに対して感謝しているかどうかだと思うのです。

特に監督やコーチの声かけは、レギュラーになれない選手たちのモチベーション維持に、なくてはならないものだと思います。レギュラーはレギュラーで試合に集中するのが優先ですし、レギュラーではない選手への対応に気がまわらないこともしばしばです。そういった状況を考えると、どうしてもチームスタッフのフォローが必要になってきます。

一方、試合に出られなかった選手は、自分は自分の役目でチームに貢献しているという自覚を持つことがとても重要。時にはレギュラー選手の練習相手にまわることもあるでしょうが、一見、自分の練習ができなくて意味のないように感じたとしても、**実は普段やらないような練習ができたり、その中で新しく覚える技術も必ずある**と思うのです。

私は2002年の釜山アジア競技大会で、生まれて初めて練習相手として大会に帯同しました。リザーブでもなく、ただの練習相手です。実際現場では、今からメダルをかけて戦う選手たちと、それまでに経験したことのないほどのピリピリとした緊張感の中で、要求される練習をひたすらやり続けました。

当時はまだ17歳で技術レベルも低く、緊張のあまりまともにボールが入らないという場面もありましたが、大きな国際大会の雰囲気を現場で体感し、大舞台での代表選手のプレッシャーというものを一緒に感じることで、それまでにない良い経験ができました。

この帯同を通じて、「今の自分のままでは戦えない。もっと強くならなければ世界では勝てない」と感じ、「もっと実力をつけて、今度は選手としてこの舞台に立ちたい」という強い意識が芽生えました。結果的に、その後の競技生活にとてもプラスになった経験でした。

近年、日本の卓球界では10代の若い選手たちが飛躍的な成長を見せています。そのひとりである平野美宇選手が、２０１６年リオデジャネイロオリンピックで同じような経験をしました。

先輩の福原愛選手、石川佳純《いしかわかすみ》選手、そして同い年でダブルスのパートナーでもあった伊藤美誠《いとうみま》選手が、当時15歳にしてオリンピックの日本代表に選ばれ、チームの銅メダル獲得に貢献しました。

一方で平野選手はリザーブとして選手団に帯同し、リオデジャネイロオリンピックの現地では裏方に徹していました。リザーブ選手といっても彼女が現地でやっていたことは、練習相手や球拾い。他にも選手の荷物を持ったり水を用意したり、試合になればレギュラーの選手たちに声援を送る。小さい頃から活躍し注目を浴びてきた彼女にとっては初めての経験だったと思います。

でもこの経験こそが彼女の闘争心に火を点け、その後のワールドカップや全日本選手権、アジア選手権での最年少優勝や世界選手権ドイツ大会での銅メダル獲得といった、目を見張る快進撃につながっていったのです。


とにかく団体戦は結束力が大事。だからこそチームとして、レギュラーの選手はリザーブの選手のモチベーションを下げることをしてはならないし、出ることができない選手の分も最後まであきらめずに全力で戦う。またレギュラーになれなかった選手は、自負を持ち、そこでの経験は無駄にならないと信じてチームをサポートすることです。

私の経験上、試合に出ることができない選手のモチベーションや意識の高いチームが、非常に手強く感じました。

このことは現役を引退した私が今、一歩引いた立場で選手たちを見て、改めて思うことのひとつです。

(2) キャプテンの役割

団体戦ではキャプテンが果たす役割というのも、チームワークに影響してくると思います。

私がいた頃のナショナルチームは、普段別々の練習環境にいる選手たちの寄せ集めなので、日頃からキャプテンに対して大きな仕事は求められません。それでも大きな大会となれば、本番に向けた合宿から大会期間中もキャプテンという立場で、チームをまとめていくことになります。2012年ロンドンオリンピックで私は最年長だったこともありキャプテンを任されました。

仙台育英時代からキャプテンの経験はありましたが、全日本チームのキャプテンともなるとかかえる重圧がまったく違います。ロンドンオリンピックをキャプテンとして迎えるにあたり、自分は何をしなければいけないかを考えました。

その結果、「試合で勝って次の選手につなげること」だという結論に至り、最高と言える勝つ準備をして試合に臨むこと、これを第一に考えました。

当時一緒に戦った福原愛選手や石川佳純選手は私よりも年齢は若いけれど、プレーヤーとしては世界のトップクラス。私は2人に何かアクシデントや問題が起きた時にチームをまとめ、彼女たちをサポートするというぐらいで、あとは基本的にそれぞれが自分のペースで調整すればいい。あとは「オリンピックのメダルを勝ち取るんだ！」という3人の強い想いがあれば、なんとかなると信じることにしたのです。

私のキャプテンとしての役割は、確かにリーダーではあるけれども、**チームを引っ張るというよりは調整役**だったように思います。

他に、キャプテンという立場で学生時代から意識していたことのひとつに、**自分の日頃の姿がチームメイトにどう見られているか**ということがありました。「この人についていきたい」「こんな選手になりたい」と思ってもらえることが大切なのではないかと思い、日頃から自分の言動に気をつけていたものです。

キャプテンは試合で勝つだけではなく、日頃の練習や生活している姿も、チームに良い影響を与える存在でなければならないのではないか、と思います。自分ができないことは人には絶対に言えない、そう考えると試合以外でも意識することはたくさんあり、それがキャプテンの責任ではないかと私は考えています。

私が理想のキャプテンだと思う人のひとりに女子サッカー界のレジェンドと言われる澤《さわ》穂希《ほまれ》さんがいます。彼女の競技技術はもちろん、サッカーにかける情熱や言動などいろいろな姿を見てチームがまとまり、ワールドカップ優勝までたどり着いたことはよく知られています。

ちなみに、レギュラーではない選手がキャプテンに任命されるケースもしばしばあり、引け目を感じてしまう選手もいるかもしれません。しかし自分はリーダーとして必要であり、またその資質があるという自負を持ち、任された役目の中で精一杯力を尽くして、キャプテンという立場でチームに貢献する気概を持ってください。

キャプテンにもいろいろなタイプがあるかと思いますが、私が意識していたキャプテンの在り方というのもぜひ参考にしていただければと思います。

(3) ベンチワーク

団体戦でのベンチワークは、勝敗に大きく影響すると言っていいでしょう。監督と選手のコミュニケーションの取り方、応援の仕方、ベンチの雰囲気などはとても重要になります。

個人戦にも同じことが言えますが、選手にアドバイスをする監督やコーチは、選手一人ひとりのプレースタイルや性格を把握し、相手選手を分析し、試合の流れや選手の精神状態を見極めて、その選手に刺さる適切なアドバイスをしなくてはなりません。

試合の勝敗を左右する重要な場面でやりとりをするわけですから、しっかり正しく意思疎通を図り、選手のストレスを減らすようフォローできるように。そのためには日頃から本当の信頼関係を築いていくことが大切です。

団体戦では選手同士で応援をし、アドバイスし合うこともあります。女子日本代表チームでは、自分が試合中かけてもらいたい言葉や、言われたくない言葉などを事前に話し合ったりしていました。

また試合中の選手間でのアドバイスについても、「ここをちょっと見ておいてくれる?」とベンチにいる選手にお願いしたりもしますし、**プレーしている選手が気づかないこ**

とに対しては、その選手の様子を見ながら情報をうまく伝えるように工夫をしていました。

団体戦には個人戦にはない独特の空気感や流れ、緊張感があります。その中で試合をする選手はもちろんのこと、応援にまわる選手も自分のできることを必死に探し、チームに貢献できるように努めるのです。女子日本代表チームはいつもチームワークでは絶対負けないと、全員がそう思いながら戦っていたと思います。

選手はいろいろな大会でいろいろな選手と団体チームを組む機会があると思いますが、まずは試合に入る前の段階でチームメイト同士が理解し合い、自分の役割をしっかり認識したうえで団体戦を戦うことが大切だと思います。

そう考えると、チームの中で自分ができることってまだまだあると思いませんか？　チーム全員がお互いをサポートし合うことで、良いメンタルの状態が生まれるのだと思います。

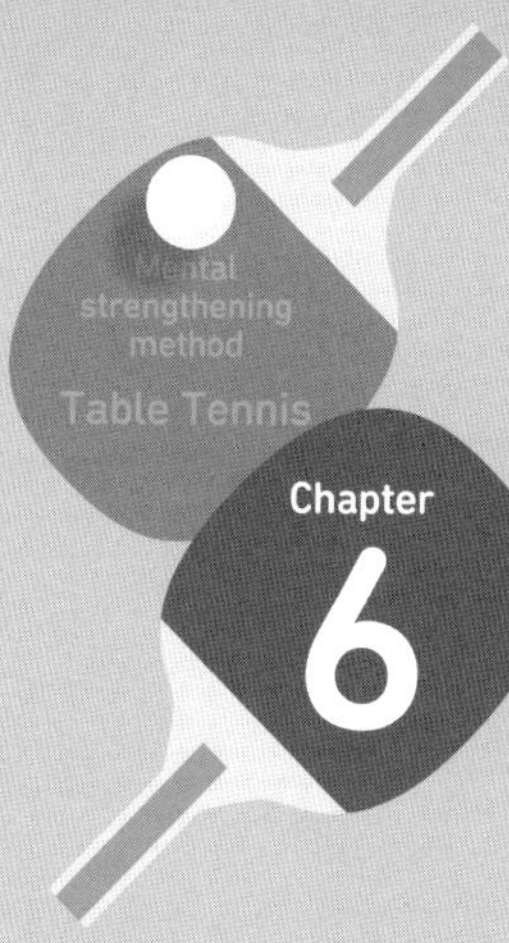

Chapter 6

ジュニア選手のメンタル育成法

子どもたちの指導現場にいて、「どうすれば選手のメンタルが強くなるのか」と悩んでいる方も多いのではないでしょうか。私自身も現役引退後、講習会や卓球教室で選手に指導することがありますが、大切なのは選手ファースト。卓球に取り組む小中学生のお子さんを持つ親御さん、また指導者の方々へメッセージを送ります。

Mental strengthening method Table Tennis

Chapter6

01

ジュニア期の育成

子どもたちの試合を見ていると、もともと生まれ持った個性や性格から、気持ちの強い子と反対に弱い子がいると思います。

今、この本を手にされているみなさんも、おそらく「自分はメンタルが弱い」と思っている選手本人だったり、我が子や教え子のメンタルをもっと強くしたいと願う親御さん、あるいは指導者の方々が多いと思います。

そんなみなさんにまず考えてもらいたいのは、メンタルが弱いとひと言で言っても、一から十まで全部ダメで、どんな時もメンタルに問題があるかというと、そうではないということです。

その子のことをよくよく観察してみると、日頃の練習と本番の試合ではメンタルの状態がガラッと変わってしまうとか、このカウントのこういった場面でメンタルに弱さが見えるなど、必ずその子のメンタルの「パターン」があるはずです。

選手を指導する時は、**選手の気持ちや考えを理解しながら寄り添っていくことが必要**になります。

私自身、指導の現場に立った時、たとえばゲーム練習を見ていても、「この流れで、どうしてその球を打つのだろうか？」と不思議に思う選手がいました。その選手の気持ちを理解するためにとった手段は、とにかくその選手に「なりきる」ことでした。性格やプレーの得手、不得手を細かく分析していくと、**少しずつその子の思考に近づいていき、メンタルのパターンが何となく見えてくるようになりました。**

また、目に見える部分だけではなく、**選手の奥底にある心理を分析**することも意識します。自信があるからこそ顔色を変えずプレーでき、自信がないから声を出すという選手がいるように、表面上に表れている部分だけですべてを判断するのではなく、その裏に隠れている選手の心理を読み理解していかなければなりません。

選手の気持ちに寄りそう

自分が選手としてやってきたことが、すべての選手に当てはまるわけではありません。

だからこそ、いったん自分の視点から離れて、その選手になりきる必要があると考えました。そしてそれを繰り返す中で、初めてその選手に対して適切なアドバイスができるようになったと思います。

指導者の中には選手に対して、「おまえは気持ちが弱いからダメなんだ」と注意する方がいます。もちろんメンタルに問題があるのかもしれませんが、「気持ちが弱い」とひと言で言われても、選手は何をどう改善すればいいのかわかりません。

メンタルだって技術を強化する時と同じように、「何をどうするのか、どんな場面でどのように注意するか」ということを教えてあげなければ、選手は混乱するのではないかと思います。

メンタルという言葉に逃げるのは簡単ですが、本気で選手のメンタルを改善したいと思えば、指導者はできるだけ具体的な方法を示してあげないと、選手は前向きに取り組むことはできません。

気持ちが弱くなってしまう原因は必ずあります。その原因を見つけて課題とし、改善に努めるよう導くのが指導者の役目だと思います。

Mental strengthening method
Table Tennis

Chapter6
02

「メンタル」が変われば「卓球」が変わる

卓球は、自分自身の性格が試合中にも現れやすく、プレーに大きく影響する競技だと思います。ですから、日頃から自分自身の性格を理解し、そして対戦相手の性格などを把握しておくことは、試合でとても役に立つと思います。

私はミキハウスに入社してから、プレースタイルをより攻撃的な卓球へとモデルチェンジしました。その際、卓球の技術を変えるのと同時に、自分の性格も変える、ということを心がけました。ミスをすることを極端に嫌がり安定志向だった私は、まず自分の意識を変え、性格をも変えていくことが卓球のプレーにつながると考えたのです。

実際に性格を変えるということは簡単ではありませんし、180度変えるというのもむずかしいことです。しかし、性格は技術同様、時間をかけ少しずつ変えていくことができるのです。

「心」が変われば「態度」が変わる。
「態度」が変われば「行動」が変わる。
「行動」が変われば「習慣」が変わる。
「習慣」が変われば「人格」が変わる。
「人格」が変われば「運命」が変わる。
「運命」が変われば「人生」が変わる。
（心理学者ウィリアム・ジェームス）

私の好きな言葉です。
そして私は自分自身の経験から、
「考え方」が変われば「メンタル」が変わる。
「メンタル」が変われば「卓球」が変わる。
こう考えています。

自分の習慣、考え方、メンタルを変えるのは、年齢を重ねれば重ねるほどむずかしくなります。幼少期や10代の頃から、自分の課題に向かって少しずつ目の前の目標をクリアしていくことを意識しましょう。

その時、あまり遠い先に目を向けすぎると、自分のモチベーション維持がむずかしくなります。何度も言いますが、メンタルもコツコツと少しずつ改善し、強化できるようにがんばっていきましょう。

Mental strengthening method
Table Tennis
Chapter6
03

競技を好きになってもらう

現在、活躍しているトップ選手に話を聞くと、大半は「卓球が好き」と言うでしょう。もちろん私もそうでした。この「好き」という気持ちこそ、競技を長く続けるための秘訣であり、好きになるには「楽しい」と思うことが一番の動機づけになると思います。試合に勝ちたいと思う前に、まずこの卓球が好きという気持ちがないと、強くなることもむずかしいでしょう。

卓球を好きになるか、嫌いになるかは、**子どもの頃にどのように卓球と向き合ってきたかが、大きく関係していると思います。**

私も両親が卓球をしていたので、幼い頃から両親の試合に一緒について行き、卓球をよく見ていました。また、自分も5歳で卓球を始めてからは、まずラリーが続くことがとても楽しかったのを覚えていて、学校以外の友達ができたりすることもうれしかったです。

毎回、早く練習に行きたい、たくさん打ちたいという気持ちで卓球クラブに通っていました。

それは、**誰かに「やらされている」のではなく、自分が「好きでやっている」状態なので、練習をさぼりたいと思うこともありませんでした。**

これとは反対に、試合で「勝つ」ことだけがモチベーションの子どもは、勝てなくなった時に嫌になって、やめてしまうことがしばしばあります。そういうケースを見るにつけ、子どもの指導にはまず、競技そのもののおもしろさや魅力が伝わるよう子どもたちの気持ちを大切にしながら練習をして、卓球が楽しいと思える環境づくりをすることが大切だと感じます。

卓球が楽しいと思える環境づくり

私の小学校5、6年の時にお世話になった城山クラブでは、練習の合間の休み時間はみんなでサッカーや中線踏みをしたり、クリスマス会や新年会など、練習以外でもみんなで楽しむ場がありました。

その結果、「卓球が好き」「卓球の仲間と一緒にいる時間が楽しい」という気持ちが育まれていきます。そういった中で、本人に「もっとうまくなって試合に勝ちたい」という思いが芽生えて初めて、厳しい練習を課せばよいと思います。

時には、本人が苦手な技術練習やきついトレーニングなど、避けて通りたいと思うような練習を強制的にやらせる時期というのは出てくるでしょう。本当のトップを目指そうと思えば、実際は楽しいことより苦しいと感じることのほうが多いものです。

ただそれも、本人に「強くなりたい」とか「トップに行きたい」という強い希望があれば気力で乗り越えていけるはずです。いくらまわりがサポートしても、最後にやるのは選手自身です。

そのためにまわりは何をするべきなのか？　私が重要だと感じることは、**結果に対しての評価だけではなく、良くなった部分に対しても、しっかりと評価してあげることだと思います。**

うまくいかない時や結果につながらない時に、やみくもに怒ったり怒鳴ったりして、結果だけに目を向けさせてしまうと、「卓球が楽しい」「もっと練習したい」という気持ちが薄れてしまうような気がするからです。「結果よりもまずその過程に目を向ける」ことが、指導者そして選手自身も大切ではないでしょうか。

長続きという視点でいえば、「うちの子は何をやっても長続きしない」と嘆く親御さんがおられます。その気持ち、わからなくもありませんが、私も5歳まで水泳を習っていて、それから卓球に目覚めたので、子どもというのはいつどこで好きなことに出合うかわかりません。

やはり、お子さんそれぞれに、良さや向き不向きはあると思います。たとえいろいろなスポーツにチャレンジしたとしても、それはそれでからだや考え方のバランスが良くなるとも言われていますから、長続きしないことが悪いことだとは一概に言えないと思います。

北京オリンピックの陸上競技4×100メートルリレーのメダリスト朝原宣治《あさはらのぶはる》さんは、中学生の時はハンドボール部に入っていたようです。陸上を本格的に始めたのは高校生から。そこからオリンピックメダリストですからすごいことですよね。このような選手もいるのです。

ただし、卓球に関しては言えば、始めるのは早ければ早いに越したことはない競技だと思います。「打球感」を身につけるためには、ある程度ボールを打つ回数が必要になってくるからです。

私自身は5歳で卓球を始めましたし、一緒にロンドンオリンピックを戦った福原愛選手は3歳、石川佳純選手は7歳で始めています。もしお子さんが、卓球である程度のレベルを目指したいとお考えであれば、遅くとも小学校低学年までには始められたほうがよいのではないかと思います。

Chapter6
04

否定せず耳を傾ける

一般の卓球クラブや公立の小中高校の部活動では、さまざまな技術レベルの選手が一緒に練習をしていると思います。

そういう環境で指導にあたる際には、その子が何をどれくらい理解しているかを把握することが、メンタル強化にも必要になってきます。

私も現在、全国各地で講習会を行っていますが、いろいろな選手がいて、なかには質問を受けた時に、何を言っているのかがすぐにわからない子もいます。でも、その時に適当に答えたり、その子の言うことや考え方を頭ごなしに否定したりすることはしません。

まずは話に耳を傾け、何を言わんとしているのかを推測し、「もしかして、こういうことかな？」とか「たぶんそれはこういうことだと思うので、こっちの方法がいいかもしれないね」などとお話しするようにしています。

やはり、いつもダメだと言われてばかりで伸びる子は、少ないと思います。人は否定されてばかりではめげてしまいますし、がんばれないと思うからです。

もし、間違いを修正するのであれば、その選手の問題点や性格に応じて伝えるタイミングを見極め、何が間違っていて、どう直すかということを、できるだけ具体的に話すようにしたほうがいいと思います。そこは指導者の腕が試されるところです。

時間をかけて身につけば忘れない

ただし、説明ができたからといって、すぐに実行できるわけではありませんから、そこからは手取り足取り、根気よく教えていくことになります。

その際、感覚で覚えさせたほうがいい子もいれば、言葉で伝えたほうがいい子もいますし、私がやって見せたほうがいい子もいます。さらに覚えの早い遅いもありますから、習得に時間がかかる子は数をこなすことが大事になります。

私もどちらかといえば、覚えるのに時間がかかるほうだったので、とにかく練習の数をこなしました。

でも、**時間をかけて身につけていくタイプというのは、一度その技術を自分の**

ものにしてしまえば、忘れることなく自信を持って実戦で使える選手が多いです。ですから、覚えが早いから良い、遅いからダメと、すべてを身につくスピードで判断してはいけないと思います。

Mental strengthening method
Table Tennis
Chapter6
05

いろいろな意見を聞ける選手に

選手とコーチの信頼関係が重要なことは言うまでもありません。ただし、そのコーチの言うことしか聞かないというのは、私はちょっと危険だと思います。

なぜなら、物事を同じ角度からしか見られなくなってしまう可能性が高いからです。そのリスクは不調に陥った時や、自分のプレーに迷いが生じた時などに影響してきます。

中国のナショナルチームの選手も、基本的に担当コーチ制ではありますが、大きな試合の前にはいろいろな選手やコーチを集めて意見を出し合ったり、以前指導していた省のコーチがアドバイスする機会があったりします。

私が雀士の桜井章一さんのもとを訪ね、勝負に対する心構えやからだの使い方を教えていただいたのも、自分の卓球の幅を広げたいと強く願ったからでした。

もちろん、当時、お世話になっていたミキハウスのコーチには絶大な信頼を寄せていましたが、それでも**あえて卓球とはまったく別ジャンルの桜井さんに教えを請うたのは、別の角度から自分を分析し、あえて否定的な意見も受け入れ、より高いレベルに成長していきたかったから**です。

やはり人間、自分にとって都合の悪い話や、それまでの考え方と違う意見を受け入れるのに抵抗があるわけです。でも、何かを大きく変えようとすれば、いろいろな人と意見交換し、一度、現状を検証し直して、新たな方向性を探る必要が絶対的にあると思うのです。その時に、ひとりの人の言うことしか聞かないというのは、自分で自分の可能性を狭めてしまうことになりかねません。

ただ、これも選手のタイプによって違ってくるのでしょう。特に女子選手は自分だけを見てほしいという思いが強い場合が多いので、かえって私のような考え方は少数派かもしれません。でも、何事も最後に決めるのは自分。誰かに依存しすぎず、自分で考え決断していくという気持ちが、私にはつねにありました。

指導者からすれば、私のような考え方の選手は少しおもしろくないかもしれません。卓球のことを知らない部外者に何がわかるのだと思う方もいるでしょう。

でも、メンタルを強くする方法は何も卓球だけでなく、他競技でも他分野でも勝負に携わっている人には共通点が多いものです。そういう人たちの力をお借りしてメンタルを鍛えていくというのも、ひとつの方法だと私は思います。

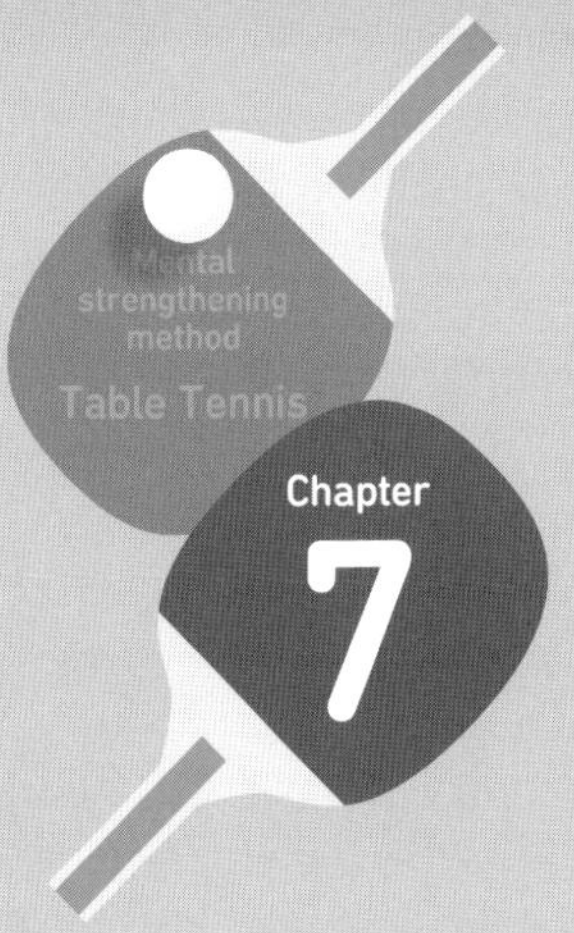

究極のピンチでも崩れないメンタル

この本の最後の章では、私自身が現役時代、何度もピンチに立たされてきた経験の中で、卓球を愛するみなさんに「これだけは伝えたい！」ということをまとめました。崩れないメンタルを手にできるかどうかは、すべて自分次第です。心が折れそうになった時、ぜひこの章を読んでいただきたいと思います。

Mental strengthening method Table Tennis

Chapter7 01

ミスのリスクとメンタルマネジメント

卓球の試合はミスをせずに試合を終えるということは、ほぼないに等しいでしょう。戦術面でも相手との読み合いになるわけですから、相手の心理や戦術を100%読み切るということも、私は不可能に近いと考えます。

私は学生の頃から、「ゲームオールの9点で勝てればいい」「ゲームオールのデュース(10対10以降)で勝つことをイメージして、そこで力を発揮できるように心の準備をしなさい」と言われてきました。最低9本はミスしてもいい、そして試合前は一番苦しい状況を覚悟して試合に臨みなさいということを教えられてきました。

私はラリー戦が得意な安定志向だったので、「相手より1球多く返すことができれば、卓球というスポーツは勝つことができるんだ」と思い、強化をしてきました。ただその過程で、中国人選手をはじめ海外のプレーヤーと対戦すると、威力があってブロックができない、私よりももっとラリー戦のうまい選手がいるという大きな壁にぶち当たりました。

練習でも試合でもミスを嫌い恐がる傾向にあった私ですが、このままでは世界の舞台では勝てないと、ある時期においては半強制的にミスをしてもいいから攻める、攻撃力を高めるという練習に取り組みました。

こんな私と真逆だと感じるのが、平成29年度の全日本卓球選手権大会で3冠を達成した伊藤美誠選手です。彼女の練習を見ると、もちろんミスなく打ち合う練習もありますが、なかにはひたすらミスを重ねて試行錯誤したり質を高めたりする練習もあります。

彼女の中で、何か感覚を探しているような練習だと思います。基本的に女子の選手はミスを嫌がる傾向が強いように感じますが、伊藤選手はミスを恐れずハイリスクな技に挑戦し、試合でもミスを恐がらず相手が予測できないような攻めができたりします。

ミスを許す気持ち

なぜこのリスクマネジメントとメンタルマネジメントについてお伝えするかというと、先ほども書いたように卓球はミスをしてしまうスポーツなので、ミスに対しての考え方、そして心の準備が必要になるからです。

まず大前提として、ミスに対して許せないという気持ちでは、自分の心をコントロールするのはむずかしいでしょう。ミスをすることを前提にスタートしなければなりません。そのうえで、自分がどちらのタイプか把握する必要があります。

私のようなミスを少なくしたい安定重視型か、伊藤選手のようなミスを恐がらないハイリスクアグレッシブ型かを見極める必要があります。それをもとに、どんな部分に気をつけなければならないかが変わります。

安定重視型は試合の中で思い切った勝負ができないことが多く、消極的な試合展開になりがちです。「ミスは少ないが、結果的に勝負に勝てない」では意味がありません。安定ばかりを求めてしまわず、その気持ちが試合の結果につながっているかどうかを検証する必要があります。

一方、伊藤選手のようなハイリスクアグレッシブ型は、ボールの質が高く1球のボールで得点につながる可能性が高い反面、ミスが増える可能性も高いと言えるでしょう。

こちらの場合は、試合の状況や場面によって、時には質を落としてでもミスを減らすことに重点を置くことも必要でしょう。ハイリスクなプレーはミスにもつながりやすいということを認識しなければなりません。

それぞれの特徴を把握することで、どんな問題が起きるかを事前に予測することができ、それに対応する対処法を準備することができます。想定内のことであれば動揺することなく、自分でメンタルのコントロールができると私は考えています。

Mental strengthening method Table Tennis

Chapter7 02

スランプに陥ってしまった時

「スランプ」という言葉をよく耳にしますが、私はあまり好きではありません。

調子が落ちて思うようにいかない状態が長く続くことを指すのだと思いますが、それをスランプのひと言で片付けてしまうのは、今ある問題から逃げているような気がしてならないのです。

だから私は、スランプをスランプと捉えないようにしていました。それよりも、そこには必ず原因があるはずなので、試合で勝てない現実と向き合い、負けが続いている原因を探る。調子が悪いなら、なぜ今の状況に陥っているのかを考えるようにしていました。

これは私の例ですが、2008年の北京オリンピックを団体4位で終えた後、それまでラバーを貼る際、使用されていたスピードグルー接着剤（ボールのスピードとスピンの性能が高まる揮発性有機溶剤）が禁止となり、それによって用具を見直さなければならなくなりました。

当時の私は、一発で打ち抜ける強打がほしいと思っていたので、グルーの変更を機にラケットやラバーも変え、練習自体も変えて新たなスタイルを身につけようとしていました。

ところが、あまりにも一気にいろいろなことを変えようとしたため、自分の卓球がメチャクチャになってしまいました。自分では前に進んでいるつもりなのに、練習でも全然ボールが入らない、それまで勝っていた相手にも勝てなくなるという、いわゆるスランプに陥ってしまったのです。

そこで私はコーチたちと話し合い、ひとまず元のスタイルに戻し整理してから、また新たな課題に取り組もうという結論に至りました。そのおかげで時間はかかりましたが、徐々に調子を取り戻すことができました。

この場合の原因は「変え方が極端すぎた」ということになりますが、メンタルの部分でも北京オリンピックでメダルに届かなかった悔しさが大きく、もっと強くなりたいという焦りがあったように思います。私の経験上、焦りや迷いから良いものが生まれたことはありません。うまくいかない時こそ、少しゆったりとした気持ちで、一旦冷静に見つめ直すことをおすすめします。

波を最小限に抑える

他にも、ケガの回復が遅れてなかなか練習や試合に臨めなくて不安になる。世界選手権やオリンピックのような大きな大会が終わって燃え尽き症候群になり、そこから再びモチベーションを取り戻すことができない。試合で負けが込んでネガティブ思考になっているなど、メンタルが原因の不調は多いものです。

そういった気持ちの波は人間なら誰しも必ずあるものですが、**強い選手というのは、その波の幅を最小限に抑えることができる**のだと思います。また、たとえどん底まで落ちてしまったとしても、それをバネに這い上がる力を持っている。私自身の現役時代を振り返ってみても、大きく成長できたな、と思えた時は、必ずその前に大きな壁が立ちはだかり、大きく調子を落としたことがあったように思います。

スランプに陥ってしまった時のメンタルコントロールの方法としては、**自分の問題を**

一気に解決しようとせず、目の前のできることを一つひとつていねいにこなしていくことが大切ではないでしょうか。

仮説を立てて改善していく

スランプの時はスランプに陥った原因もわからず、どうすればいいんだ！　と頭を悩ませると思います。原因の中にはその大元になる問題点があると思いますが、まずはその前に、**「ここに問題があるのでは？」と仮説を立て、それを改善できるように私は取り組んできました。**ひとつ改善してもまだ状況が変わらない場合は、違う問題点を探し、仮説を立てて改善するということを繰り返します。

「蟻の一穴」という言葉があるように、**大きなスランプという壁に対し、この仮説作戦で少しずつ壁を崩していくわけです。**そうやって取り組む中で、ひとつが変われば全体が大きく変わる可能性があるということを体験しました。

大きく変わらなかったとしても、それまでに気づくことができなかった発見がたくさんありました。それを繰り返すことで、結局はスランプの壁も打ち破ることができるのだと思います。

選手が壁を乗り越えた時の喜びや達成感は必ずや大きな自信となって、ここぞという勝負の場面で力になるはずです。それはまた、いずれ大人になって社会に出てからも、仕事をしたり家族を守ったりする時に自分の支えになることでしょう。

ただし、この作業には労力がいります。誰もがスランプから抜け出す魔法を探そうとしますが、私は現役時代それを見つけることはできませんでした。でも、**この仮説作戦を前向きに繰り返していくことで、調子を落とし、なかなか勝ち星をあげることができない状況から脱出できた**と思っています。

みなさんには、このあるか、ないかの魔法を探そうとするのではなく、今の自分の現状と向き合い、地道に仮説作戦を繰り返すことをおすすめしたいです。

スランプに陥った時は、仮説を立てて問題点を切り崩していく

Mental strengthening method
Table Tennis

Chapter7
03

ゾーンへの道筋

みなさんは、「ゾーンに入る」という経験をしたことがありますか？

私は今まで経験した数多くの大会を通して、あれはゾーンに入っていたのか、と思うような体験が何度かありました。私がゾーンに入った時は、決まって究極のピンチを迎えた時や、後がないといった場面だったように思います。決して絶好調という時ではありませんでした。


特に重要な大会では、後がないという緊張感があり、「生きるか死ぬかの覚悟を持ち、地に足を着け、腹を据えて臨む」という心構えでした。

試合中は、**相手と一緒に水中に潜って顔を見合わせながら我慢比べ**をしているような感じです。相手と向き合い苦しさを隠しながら、お互いいろいろな技を出し合い、最終的には水中から顔を出してしまったほうが負け。こんな感覚を私はもっていました。

つねにぎりぎりの中での我慢比べ、そんなふうに思っていたのです。

そんな切羽詰まった場面でゾーンに入っていた私ですが、言葉で表すなら「がんばる」というよりは、「無我夢中」「一心不乱」といった言葉のほうが近いですね。これ以上ない緊張感の中、無我夢中にボールを追いかけ続けている中で、ふと一瞬からだの力が抜けた瞬間に、ゾーンに入れた記憶があります。

ゾーンの感覚

ゾーンに入るとどんな感覚なのか、私が感じたことをお伝えしたいと思います。

普段、試合をしている時は、観客の声が聞こえたり、ベンチコーチの顔が見えたりします。不安を感じれば、ベンチコーチのほうを振り返ることもあります。

しかし、ゾーンに入ると、**自分と相手そして卓球台以外は、なんとなくぼやけて見える感じになり、まわりの音や声は、何か聞こえるけれど、はっきりは耳に入ってこない**、そんな感じでした。

卓球台は、それまでより小さく見えて自分が少し遠いところから見ているような感じになります。

ボールの動きに対しても、がんばって動くというよりは、**からだが勝手に動き、ボールが飛んでくるところに自分がいるような感覚**です。もっと言うと、自分が動いたところにボールが吸い込まれるように飛んでくると感じる時もありました。

肩の力が抜けて、からだ全体は体重が軽くなったように感じますが、その分、丹田（へその下の下腹部のあたり）には、重心も気も集中してきます。足の裏から丹田まできれいにつながっているのを感じ、すべての動作やボールの軌道に魂が乗っているような感じで、一つひとつのプレーがつながっているのがよくわかるのです。

私のことをよく知るコーチは、雰囲気が変わった、スイッチが入ったなどと表現していましたが、ゾーンに入ったのがわかると、簡単に話しかけることができないオーラがあったようです。

自分でも異次元の感覚で、空気がきれいというか薄く感じられ、なおかつ時間軸が自分中心に動いているようななんとも不思議な感覚です。極端に言うといきなり別世界に飛んで行ってしまったような感じです。

このように、良い流れに乗れたとかゾーンに入れたと感じる経験をすると、毎回ゾーンに入ることができれば勝てるのではないかと思い、ゾーンに入った時の精神状態やからだの調整を同じように準備し試合に臨むのですが、ほとんどの場合、自分でコントロールしてゾーンに入れたことはありませんでした。

ゾーンに入るにはどうすればいいのか？　と言われると、明確な答えは私にはありません。ただひとつ言えるのは、その不思議な世界「ゾーン」というものは存在していて、**ゾーンに入るためにはそれまでに積み重ねた練習や経験、そして勝敗を左右する究極の場面で、最後の最後までなんとかしようと工夫する粘り強い気持ちが必要**ではないかと私は考えています。

ゾーンに入るという経験も、やはりメンタルの要素がかなり大きな割合を占めていると思います。みなさんもいつか、このゾーンに入るという経験ができるように、**究極のピンチでも崩れないメンタル**を身につけてもらいたいと思います。

Mental strengthening method
Table Tennis

Chapter7
04

孤独と向き合う

私は現役時代、たくさんの指導者の方に指導をしていただきました。もちろん技術指導以外にも、精神的な部分に対してアドバイスをくださるメンタルのコーチや、からだの部分について指導してくださる方にもお世話になったことがあります。

卓球に限らず、今のスポーツ選手は以前よりも環境に恵まれ、専属のコーチがいて、メンタルトレーナーに指導をお願いしている選手がいます。環境面は自分が強くなるためには非常に重要な要素で、私自身も自分の目指すところが何かによって環境を選択してきました。

ただここでみなさんに考えてもらいたいことは、**環境が良ければ必ず強くなれるのかというと、そうではない**ということです。いくら能力のあるコーチがいてすばらしい環境があっても、最終的には自分がどんな気持ちで練習に取り組み、試合で何を選択してプレーするのかということになります。
コートに立ってしまえば、**誰も手を差し伸べることはできず、自分で自分を支えはげましながら戦う**しかないのです。

それを可能にするには、日頃からコーチに言われたことをただこなすのではなく、自分の意思をしっかり持ち、自分がプレーするんだ、自分がやるんだという強い気持ちで取り組んでいかなければなりません。試合の前にまずは日頃の生活から自律して覚悟を決める必要があります。

どの世界でもトップまで登りつめる人は孤独だと私は思います。最後の最後まで自力で這い上がっていく精神力がなければ頂上まで辿り着くことはできません。誰かにおんぶや抱っこというわけにはいかないのです。
孤独を受け入れ、自分しか見えない景色を見ようというワクワクとした気持ちをイメージしながら、頂点を目指し取り組んでいってもらいたいと思います。

Mental strengthening method
Table Tennis
Chapter7
05

逆境を跳ね返す感情と思考

私は現役時代、大逆転劇で勝利するという経験を何度かしました。何もやることは変えていないのにいつの間にか逆転できた時や、戦術を変えて試合の流れが変わったことをきっかけに一気に流れを呼び込んで逆転できた時など、さまざまなパターンがあります。

その中でとても印象に残っているのは、2014年の世界選手権東京大会（団体）の準決勝、日本対香港戦です。1対1で迎え3番手で出場した私が、ゲームカウント0対2、さらに3ゲーム目も4対9という場面から逆転できた試合でした。

講習会などでは「あと2本取られれば負ける、という場面で何を考えていたのですか？」「何を変えて逆転できたのですか？」という質問をよく受けます。この試合に関して言いますと、あと2点で負けるという場面で私は、「チームのみんなに申し訳ない。私じゃなくて他の選手が出たほうがよかったかもしれない」と、誰しもが思うことを同じように考えていました。

ただその一方で、負けたらどうしようという気持ちだけで終わることなく、**「今、自分のできることはなんだろう？　相手が一番やりにくいのはなんだろう？」**ということも同時に考えていました。

最終的には「多分もうこれしかないだろう！」と吹っ切れた気持ちで、これが最善と自分が感じるプレーをやり続けました。

何が一番良い方法なのか、何かできることはないかと探し続け、試合の中でもがき続けたのです。この試合でなぜ逆転できたのか、いくつかの要因を具体的にあげてみましょう。

・「負けそう」という気持ちから、「負けてもいいから後悔のないように思い切ってやるんだ」という開き直り
・「できることはないか」といろいろな策を考えて工夫を試みて、最後の最後まで気持ちを切らすことなく、あきらめることなくプレーできた

・相手はあと1点ないし2点で勝てるという意識から、ミス待ちの消極的なプレーになっていった
・東京開催ということもあり、観客のみなさんが私の連続得点に対して応援で後押ししてくれて、私は勢いが増し相手はプレッシャーに感じていた

このようにいろいろな要素が重なり合って大逆転につながったと私は考えています。

この試合も含め、自分の現役生活を振り返った時、きっとみなさんと同じように、「もう負けるかもしれない」「これ以上できないかもしれない」「代表になれないかもしれない」と、弱い気持ちになったことは数え切れないほどあります。


私は決して心が強かったわけではなく、特別な人間だったわけでもないのです。ただひとつだけ言うならば、最後の最後まで絶対にあきらめずに戦っていました。おもしろいことに、負けたらその後どうしようとか、できなかったら次に何をしようなどとまったく考えていなかったのです。

ですから、2016年のリオデジャネイロオリンピックに出場できないと決まった時には、次のことはまったくの白紙状態でした。

私はみなさんに、「もう負けるかもしれない、うまくいかないかもしれない」と思った時に、**気持ちを切らしたマイナスの感情で終わるのではなく、何かできることを探し最後まで必死に向き合うこと、そして自分ができる最大限の工夫をすることにトライしてもらいたいと思います。**

試合に負ければ終わりだと考える人が多いようですが、ひとつの試合が次の試合につながっていくのです。勝ち負けの結果だけではなく、どんな勝ち方をしたか、全力を出し切れて負けたのかという内容こそが次の試合につながるのです。

負けは負けでも、どのような負け方をしたかが重要なのです。

このようなことを心して試合に臨む中で、いつか自分自身も驚くような劇的な試合というものを経験できるのだと思います。

Mental strengthening method
Table Tennis
Chapter7
06

今の自分にできる最高の工夫

試合中のプレーや場面ごとに、考え方やメンタルコントロールについてお話をしてきました。ここでお話しすることは、私自身の数多くの経験から感じた、みなさんへのメッセージになります。

卓球という競技を選んでプレーしているのも、試合でこの1本何をするかを決めるのも、すべて自分自身であることを忘れてはなりません。

時々、試合に負けたのを用具のせいにしたり、エッジやネットインが多くアンラッキーだったと言ってみたり、自分の調子が悪いから負けた、という選手がいますが、私はそういう言い訳はあまり好きではありません。**すべての責任は自分にある**と考えているからです。

確かにラケットが壊れたとか、アンラッキーなボールが多かったとか、本調子じゃなかったということもあるでしょう。私も現役時代何度もそういったことを経験しました。しかし、**すべての状況を受け止めてその時の自分にできる最高の工夫をして勝ちにつなげる**、という気持ちがなければ、メンタルを強くすることなどできないと思います。

逃げ道をつくらない

世界ナンバーワンの中国では、監督やコーチが何を基準にナショナルチームなどの選手の実力を測るかというと、その選手の最も調子の良い試合ではなく、**一番調子が悪い時の試合を見て判断する**という話を聞いたことがあります。調子が良くない時にどういうプレーをするのか？　最低ラインのレベルはどこなのか？　ということです。

私はこれを聞いて、いかなる状況でも世界一を取らなければならないというプレッシャーと戦い、大舞台で滅多に崩れることのない中国選手の強さに納得しました。最低の状況を日頃から想定し、そのような状況でも実力を発揮できるよう厳しい訓練を積んでいるのだと思います。

私が師と慕う伝説の雀士・桜井章一さんの言葉にも「不調こそ我が実力」という名言が

あります。調子に関係なく勝負の時はやって来る。その時に「調子が悪いから負けました」は通用しない。この覚悟を持って臨めなければ、大切な勝負に勝つことなどできないでしょう。

今でも忘れられませんが、全日本選手権で初優勝した時の決勝戦、一度はマッチポイントを握られ、最終ゲームも相手にリードされ離されるという場面がありました。その時、私は**「ここで逃げたら、一生同じことを繰り返す」**とふと思ったのです。負けるかもしれない、でも、目の前にある現実から逃げるのだけはやめようと思いました。結果的にその逃げない心が初優勝につながったのです。

みなさんも、人や物そしてその時の調子のせいにして「逃げ道」をつくるのではなく、どんな場面でも自分を受け入れる覚悟、ぜひ持ってください。

それは**きっとあなたの不安を減らし、困難を乗り越えるメンタルを身につける秘訣**だと私は思います。

2014 年世界選手権「団体」で銀メダルを獲得し表彰台へ上った

おわりに

現役を引退して早くも2年が経とうとしています。

どうやったら強くなれるのか、どうしたら勝てるのかと、日々ボールを追いかけていた生活は一変し、今は講習会や卓球教室、講演、解説やスポーツコメンテーターとさまざまなお仕事をさせていただいています。

そんな中で私は、約半年前から週2でトレーニングを始めました。

約半年間トレーニングを続けて感じたことは、やはり何と言っても「継続は力なり」このひと言に限ります。一度落ちてしまった筋力を取り戻すのはむずかしく、また続けていく中で少しずつからだが変化していく感覚は、現役のときに毎日卓球の技術やメンタル強化と向き合っていた過程そのものだと感じたのです。

みなさんが抱えているメンタルの課題もまた、自分の弱さを受け入れ日々向き合い続けること、自分自身の感覚を大切にすることで、少しずつ自分の理想とするメンタルに近づくと思います。

現役時代に学んだメンタルの調整法、物事の視点や考え方、それらはすべて今現在の自分に生きています。メンタルとはスポーツをすることに限らず、自分を成長させていくうえでは必ずどこかで向き合わなければいけない壁だと私は思います。

人生はどう転んでいくかわからない、どんな結末が待っているかわからない。

だからこそおもしろく、むずかしく、そしてそこには感動が生まれるのです。
幼少期の私を振り返ると、まさか自分が全日本で優勝して、オリンピックでメダルを取れるようになるなんて……夢にも思っていませんでした。

「強いメンタルを追い求める心」
「強くなれると自分を信じる心」
「苦しい中でも成長できる楽しさや強くなる喜びを感じられる心」
私が大切にしていた3つの心です。

どんな結末が待っているかわからない未来に向かう中で、私はこの3つの心をつねに持ち、自分の未来を切り開いてきました。なんの保証もない未来に挑戦し続けてきたのです。

この本には、メンタルの弱かった私が悩み苦しんだ時にサポートしてくださった指導者の方の教えや考え方がたくさん詰まっています。それを、今度はみなさんの卓球人生に生かしていただければと思っています。私よりももっともっとメンタルの強い選手になってください。みなさんの卓球人生がより良いものになりますように祈っています。

平野早矢香

【著者略歴】

平野早矢香（ひらの・さやか）

5歳で卓球を始め、仙台育英学園秀光中等教育学校・仙台育英学園高等学校に進学。卒業後ミキハウスに入社し、18歳で全日本卓球選手権・女子シングルス初優勝。その後2007年度から全日本3連覇を達成、通算5度の日本一に輝く。オリンピックでは2008年北京大会団体戦4位、続く2012年ロンドン大会では福原愛、石川佳純選手とともに団体戦で銀メダルを獲得。男女通じて日本卓球史上初の五輪メダリストとなった。世界選手権では14大会に出場し5つのメダルを獲得している。2016年4月に現役引退。現在はミキハウススポーツクラブアドバイザーとして卓球講習会、講演会、解説、スポーツキャスターなど卓球の普及のために幅広く活動している。1985年3月24日生まれ。栃木県出身。

[STAFF]

編集協力　吉田亜衣、高樹ミナ
カバーデザイン　柿沼みさと
本文デザイン　若松隆
写真　平野敬久
取材協力　ノースプロダクション

パーフェクトレッスンブック

卓球《たっきゅう》メンタル強化《きょうか》メソッド

著　者　平野早矢香
発行者　岩野裕一
発行所　株式会社実業之日本社
〒107-0062　東京都港区南青山5-4-30
CoSTUME NATIONAL Aoyama Complex 2F
電話　03-6809-0452（編集）
03-6809-0495（販売）
ホームページ　https://www.j-n.co.jp/

印刷・製本　大日本印刷株式会社

ISBN978-4-408-33737-1（第一スポーツ）

2006(03)